KB234918

# 자소서 · 면접법

이 병 윤 지음

이서원

# 차 례

# 머 리 말

**전달방법을 달리하여 취업시장을 뚫어보자.**

필자가 취업 준비생들과 만나 상담하면서 느끼는 점은 많은 사람들이 취업을 절실히 원하면서도 정작 그에 걸맞은 준비는 열심히 하지 않고 있다는 것이다. 즉, 취업을 원하는 많은 예비 취업자들이 그 결정적 서류인 이력서나 자기소개서를 매우 허술하게 작성할 뿐 아니라 그런 일에 별로 훈련되어 있지 않다는 것이다.

본인의 삶과 가치를 충분히 반영하지 못하는 이력서가 많다는 것이다. 이는 대개 표현력 부족 때문인데 본인이 지니고 있는 장점을 표현력 부족으로 제대로 전달하지 못한다면 억울한 일이 아닐 수 없다.

취업하기 위해 이력서와 자기소개서 등 서류 두 세가지로 당락이 결정되기 때문에 심도있게 관심과 주의를 기울여야 한다. 이러한 서류준비를 위해서는 충분한 시간도 제공되기 때문에 마음만 먹으면 더 나은 자기표현을 할 수 있을 것이다.

또한, 서류심사에 합격하여 면접에 임하는 경우에도 그에 따른 준비사항이 많은데, 이렇게 중요한 절차를 위해서는 노력과 시간을 투자해야 한다.

실제로 취업 준비생들과 만나서 대화해 보면 이력서나 자기소개서를 잘 쓰는 것에 대한 개념이 취약할 뿐 아니라, 어떻게 하는 것이 준비를 잘하는 것인지 모르고 있는 경우가 허다하다.

면접의 경우에도 그저 평상시 있는 그대로 생각하고, 평소 실력으로 생각나는 대로 면접을 하면 되지 않겠느냐고 말하는 경우를 종종 본다. 그러나 어떤 일이든 미리 준비하고, 그에 따른 사전 연습을 한 후 실전에 대하는 사람과 그저 평소 실력대로 아무 준비 없이 실전에 응하는 사람과는 많은 차이가 있기 마련이다. 미리 많은 훈련을 하고 예행연습을 하면 실전이 익숙한 것이 되고, 준비 없이 나타난 사람은 그런 실전이 처음 해보는 낯선 것이 된다. 익숙한 것을 보여주는 모습과 낯선 모습을 보여주는 것과는 받아들이는 입장에서 느낌이 많이 다르다.

지금까지 이력서와 자기소개서를 대충 작성해서 제출했거나 면접에서 아무 준비 없이 평소 실력과 생각을 아무 여과 없이 보여줄 작정이었던 취업 준비생들은 이제부터 좀 더 치밀한 사전 준비를 해서 임하도록 하자. 그럴 필요성은 느끼고 있었지만 어떻게 준비를 하고, 무엇을 참고해야 할지 몰랐던 취업 준비생들은 이 책을 참고로 해 보자.

취업 준비생뿐 아니라 취업을 했다가 전업을 희망하는 사람도 마찬가지이며, 그보다 범위를 넓혀 결혼을 위해 맞선을 보는 사람이나 남녀 간에 소개팅을 앞둔 경우도 또한 여기에 나오는 방식을 원용해 보자. 무슨 일이든 치밀하게 준비하고 부단히 연습하는 사람이 최고이다.

아무리 문장력이 뛰어난 작가도 본인의 글에 혼을 담기 위해 몇 번이든 고치고 수정하는 사람을 따를 수 없으며, 아무리 달변과 순발력을 갖춘 사람도 많은 면접 연습을 거쳐서 익숙한 사람을 당할 수는 없다. 성공한 사람들은 모두 많은 훈련과 예행연습을 한 사람들이다.

이 책은 연습을 통해 취업경쟁에서 승리하고자 하는 사람을 위해 쓴 것이다. 많은 사람들이 대충 이력서와 자기소개서를 써내는 것을 보고, 많은 사람들이 별 준비도 없이 취업 면접에 응하는 것을 보고, 이력서와 자기소개서의 중요성을 일깨우고, 취업 준비를 위한 제반 연습을 할 수 있도록 하기 위한 것이다.

필자는 취업에서의 당락은 커뮤니케이션에 달려 있다고 단언한다. 왜냐하면 취업을 위한 평가가 결국은 말이나 문서로 표현된 것으로 이루어지기 때문이다.

취업 커뮤니케이션이란 이력서와 자기소개서의 내용을 구성함에 있어서, 본인이 지니고 있는 역량을 어떻게 발굴할 것인가 하는 것과 같은 사실을 가지고도 어떻게 효율적으로 정리하여 채점관에게 전달할 것인가 하는 것이며, 인터뷰할 경우에도 같은 경력과 능력을 가지고 어떻게 이를 면접관에게 설득력 있게 정서적 교감을 형성할 수 있도록 할 것인가 하는 것이다.

면접을 위해 제시간에 도착해야 한다거나, 면접 직전에 담배를 피워서 입 냄새가 나는 것을 주의해야 한다거나, 양복과 넥타이를 어떻게 입고 매는가 하는 것도 중요하지만, 그런 상식적인 요소보다는 해당 포지션의 특성을 정확히 이해하고, 그 이해를 바탕으로 본인의 사상과 철학, 그 철학을 뒷받침하는 실무적 능력을 어떻게 커뮤니케이션 차원에서 채용 담당자에게 전달함으로써 본인의 실체를 효과적으로 어필하느냐 하는 것이 더욱 중요하다.

이 책은 그런 부분에 초점을 맞추어서 내용을 구성했다.

극심한 취업난에서 취업 재수생은 넘쳐나며, 그 가운데는 특별한 재주를 가진 경쟁자도 부지기수로 있다. 이런 환경에서는 다른 사람보다 조금 우월한 위치에 있어서는 원하는 대로 취업을 할 수가 없다. 차별화가 월등한 수준이 되어야 한다. 경쟁자가 하는 대로 비슷하게 준비하고, 경쟁자보다 조금 더 성실하고, 조금 더 나은 스펙을 가지고는 안 된다. 경쟁자와 유사한 서류를 제출해서도 안 된다.

학창시절에는 시키는 공부를 열심히 잘해서 좋은 성적을 올리면 대부분의 문제가 해결되었지만, 취업현장은 학창시절과는 다르다. 기업은 지원자에게서 〈특별한 그 무엇〉을 찾는다. 지원 서류에 특별한 느낌이 없는 사람은 결코 치열한 취업경쟁을 통과할 수 없다.

정말로 취업을 하고자 하는 사람의 이력서에는 강한 기운과 혼이 담겨 있어야 하며, 그 기와 혼이 이력서와 자기소개서를 통해 기업의 심사위원에게 전달되어야 한다.

학교성적을 평가하는 데는 객관적으로 증명되는 기준이 있었지만, 취업시장은 심사기준도 주관적이다. 사람을 평가하는데 정답이 있을 수 없다. 취업은 어느 후보자가 심사위원의 마음을 더 많이 사로잡고, 심금을 더 많이 울리는가 하는 게임이다. 인간의 심금을 울리는 일에 무슨 기준이 있을 수 있겠는가? 그 막연한 기준이 장애물이자, 기회인 것이다.

이 책은 자소서와 실제 면접을 준비함에 있어서 핵심이 될 50가지 체크포인트를 정리한 것이다. 많은 취업준비생들이 점검해 보고 취업의 어려운 관문을 뚫고 나가기 바란다.

2014. 03.  이 병 윤

# 1

면접관을 사로잡는 인터뷰 스킬

# 1. 최초 자기소개에 목숨 걸기

면접은 일종의 게임이자 흐름이다. 어떤 계기로 면접 분위기가 초반에 화기애애하게 잘 잡히면 그날의 면접은 쉽게 풀리지만, 초반에 분위기가 딱딱하게 시작되면 그것 때문에 신경이 쓰여 전반적으로 곤란에 빠질 수도 있다. 그러므로 면접 초기의 분위기 형성이 중요하다. 면접은 본인에게 유리한 주제로 시작하면 쉬울 것이고 곤란한 주제로 시작하면 아무래도 분위기가 딱딱해질 것이다.

따라서 면접 서두에 면접관이 자기소개를 하라고 한다면 그것은 그야말로 면접의 전체 흐름을 좌우할 중요한 시간이다. 본인의 첫인상을 강하게 심어 줄 기회가 될 뿐만 아니라, 처음 자기소개에 따라 전체 인터뷰의 맥락이 결정될 수도 있기 때문이다.

어떤 내용으로 자기소개를 이끌어 가느냐에 따라 면접관의 초기 관심사의 방향을 결정할 수 있으며, 인터뷰 분위기를 효과적으로 리드함으로써 인터뷰 전체 과정에서 자신감과 친밀감을 형성해 나갈 수 있는 것이다.

면접관과 후보자는 서로 처음 대면하는 경우일 것이므로 서먹서먹하면서도 조심스럽다. 후보자가 인사를 하면 면접관이 먼저 말을 하고, 면접관의 그 말에 따라 인터뷰의 내용이 결정되는데 그 첫 말이 자기소개를 하라고 주문하는 것은 면담 주제 결정의 주도권을 후보자에게 일시적으로, 그리고 자유롭게 넘기는 효과가 있기 때문이다. 이때 어떤 소재를 초기 자기소개의 주요 아이템으로 삼는가 하는 것은 면담의 전반적인 주제 선정과 관련된 중요한 문제이다.

본인의 성명이나 가족사항, 출신학교 등과 같은 피상적인 정보만으로 자기소개를 한다는 것은 의미도 없을 뿐만 아니라 상대에게 감동을 주는 내용이 아니다. 그런 일반적인 정보는 이미 이력서에 나타나 있으므로 아까운 시간만 낭비하는 격이다.

이름과 나이, 출신학교 등은 가벼운 대화의 주제는 될 수 있어도 본인의 깊은 내공을 보여주는 주제는 아니다. 인터뷰에서는 본인이 지원하는 포지션에 대해 스스로 지니고 있는 철학과 통찰력, 그리고 지식 등을 공유함으로써 그 포지션이 본인에게 어느 정도 적합한 지, 그리고 그 분야에 종사할 경우 향후 비전은 어떻게 설정할 지에 대한 의견을 교환하는 것이 필요하다.

또한, 본인의 경력과 현주소에 대해 단순한 사실만 나열하는 것은 인터뷰 전체를 무미건조하게 하는 것이다. 건성으로 인터뷰함으로써 본인이 담당해야 할 업무에 대한 충분한 의견교환도 없이 입사했다가 나중에 후회를 하고 다른 회사로 전직하는 경우도 많이 보았다. 그러므로 처음 인터뷰를 할 때 담당하게 될 업무에 대해 어느 정도 내공을 보여줄 핵심사항을 짚고 넘어감으로써 면접관과 후보자가 상호 이해를 공유할 필요가 있는 것이다.

초기 자기소개는 본인의 이름 정도와 아울러 담당하게 될 업무에 대한 본인의 강점을 소개하는 것이 좋다. 본인의 이력 가운데 중요한 부분을 처음 자기소개의 소재로 활용하는 방안도 있고, 본인의 성격 가운데 어느 포인트를 잡아 그것을 자기소개의 핵심으로 삼을 수도 있다. 또는 성공사례나 자기만의 특별한 경험을 주제로 삼을 수 있다. 나를 둘러싸고 있는 여러 가지 환경과 조건 가운데 가장 특색 있고 깊은 메시지가 있으며, 그로 인해 면접관에게 감동과 충격을 줄 수 있다면 그것이 바람직한 자기소개의 첫 소재이자 면접의 물꼬를 트기 위한 앵커 역할을 할 수 있다.

시간을 두고 나를 규정하는 첫 멘트를 무엇으로 할 것인지 곰곰이 생각해 두자. 인터뷰 일정이 잡히면 그 순간부터 인터뷰가 끝날 때까지 그 메시지를 연구하고 보완하는 일에 집중해야 한다.

생각은 많이 할수록 좋은 아이디어가 떠오른다. 건성으로 생각하면 표피적인 생각만 떠오르지만, 머리를 싸매고 궁리를 하면 좋은 생각이 떠오른다. 아이디어는 오랫동안 떠오르지 않다가도 순식간에 떠오르기도 하는 것이어서 정신을 집중하여 몰두하면 대개 좋은 아이디어를 얻는 법이다.

아이디어는 머리에서 떠오르는 정도로만 해서는 안 되며, 반드시 꺼내서 정리하고 표현을 해 보아야 한다. 머리에 다른 생각과 함께 복잡하게 얽혀 있다가 정리되지 않은 형태로 표출되는 것은 실수가 되기 쉽다. 머리에 들어 있는 모호한 생각은 표출되면서 정리되고, 반대로 정리되어 표출되면서 또 다른 새로운 생각으로 이어지는 바탕이 된다.

어떤 주제에 대해 비록 어느 정도 괜찮은 해답이 떠올랐다고 해서 거기서 머물지 말고 반드시 밖으로 꺼내어 메모해 두어야 한다. 떠오른 아이디어를 메모하고 그 메모를 보면서 새로운 생각으로 연결하고, 그 과정을 통해 본인이 지망하는 포지션과 자신과의 연관성을 깊게 각인시킬 수 있게 된다.

그런데도 필자가 만난 대부분의 취업 희망자는 이런 치열한 연구를 하지 않고 막연한 자세로 인터뷰에 임하고 있었다. 그래서 그들은 쉬운 질문(사실을 묻는 질문)에는 용이하게 답변할 수 있으나 어려운 질문(이슈에 대한 입장을 묻거나 해결책을 요구하는 질문)에는 대개 당황하거나 허둥대는 모습이었다. 인터뷰를 위해 사전에 준비를 소홀히 했기 때문이다.

자기소개의 길이는 대개 면접관으로부터 주어지는 경우가 많으며 대략 1분짜리 정도가 적당하다. 1분은 그리 긴 시간은 아니다. 따라서 어떤 주제에 대해 깊은 관점을 전달하려고 하기보다는 자기소개가 끝나고 나머지 면담시간에서 다루고 싶은 주제의 실마리를 간략히 소개하는 정도면 좋을 것이다.

후보자가 인터뷰의 주제를 정하는 것이 말도 안 되는 일 같기도 하고, 또 주제를 정한다고 그대로 되는 것도 아니다. 그러나 앞으로 주어질 본인의 업무와 관련하여 본인의 장점과 통찰력을 보여 주기 위해서는 이와 같은 본인의 의도를 면접관에게 슬쩍 전달하는 것이 필요하다.

예를 들면,

> 저는 이름은 ○○○입니다. 저는 이제까지 ○○업무 경력을 바탕으로 하여 이번에 ○○분야에 지원하게 되었습니다. 저는 그동안 ○○업무에 종사하면서 가지게 된 경력과 능력을 이번 짧은 면담시간이지만 보여 드리고 싶습니다. 제가 ○○업무를 처음 선택하게 된 동기와 현재까지 ○○업무를 하면서 느낌 점, ○○산업을 보는 관점, 그리고 앞으로 ○○업무를 하고자 하는 방향 등에 대해 저의 의견이 이번 인터뷰를 통해 전달되기를 희망합니다.

이런 식이다.

면담에서 1분 동안 본인의 인생 가운데 무슨 내용을 강조하여 소개하는가 하는 것은 전적으로 본인에게 달려 있다.

# 2. 자세도 내용만큼 중요하다

자기소개는 내용도 중요하지만 자세도 중요하다. 내용이 실체라면 자세는 이미지이다. 내용과 자세가 합해져서 좋은 자기소개가 만들어 지는데, 둘 가운데 어느 하나라도 부족하면 짧은 자기소개도 길게 느껴진다.

자기소개가 길다고 느껴지면 면접관이 중도에 개입할 것이다. 질문을 통해서 혹은 도움 형식을 통해 면접관은 개입한다. 자기소개를 하다가 면접관이 개입하는 것은 질문이든 도움이든 바람직한 결과는 아니다. 자기소개가 제대로 되지 않았다는 것이다. 그러므로 자기소개는 미리 준비된 메시지를, 준비된 태도로 해야 한다. 마치 준비되지 않은 듯 자연스럽게 되도록 준비하는 것이 잘 된 자기소개이다.

자기소개는 중요한 내용부터 한다. 이 원칙은 구두로 하는 자기소개뿐만 아니라 글로 쓰는 자기소개서도 마찬가지이다. 자기를 가장 잘 나타낼 만한 사항을 몇 개의 문장으로 정리하되 그 문장 간에 서로 연결되지 않은 각각의 내용 보다는 문장끼리 맥을 같이 하여 전체적으로 스토리가 되도록 해야 한다.

자기소개가 중요하다고 하여 여러 가지 내용을 욕심 내 전달하기 보다는 하나의 스토리로 엮어서 강렬하게 전달하는 것이 바람직한 것이다. 이 스토리를 정리하여 가장 먼저 전달하는 것이 첫 이미지를 형성하는데 효과적이다.

자기소개는 개인적인 내용 보다는 업무 관련 사항 즉, 경력과 성공사례 등 해당 포지션과 관련이 있는 내용을 중심으로 소개를 함으로써 본인이 그 자리에 적합한 인재라는 점을 부각시키도록 노력해야 한다.

자기소개에서 좋지 않은 경우는 이력서나 자기소개서에 나오는 내용을 그대로 반복하는 것이다. 비록 면접관이 이력서 내용을 보지 못한 것처럼 보인다 하더라도 이미 제출한 내용을 중복해서 말하는 것은 바람직하지 않다.

이미 언급한 바와 같이 〈무엇을 말할 것인가〉 만큼이나 중요한 것이 〈어떻게 말할 것인가〉이다.

지난 경력이나 앞으로의 비전 혹은 개인적 취미 등과 같은 사실적 정보를 활용하여 그런 요소들이 어떻게 지금의 차별화된 본인이 있도록 해 주었는지를 논리적이고 설득력 있게 표현하는 것이 중요하다. 〈하루에 120회의 팔 굽혀 펴기와 1년에 200권의 책을 읽는 것을 수십 년째 거르지 않고 있다〉는 뽀빠이 이상용 씨의 간략하고도 강력한 자기소개 멘트는 자기소개서를 작성하는데 참고할 만한 좋은 입체적 사례이다.

# 3. 세 가지 핵심메시지

인터뷰를 하러 갈 때 가장 중요한 준비물은 3가지의 핵심메시지이다. 3가지의 핵심메시지란 인터뷰 후보자가 그 인터뷰를 통해 면접관에게 어떤 형태로든지 전달해야 하는 엄선된 메시지이다. 그래서 1시간가량의 인터뷰가 종료되면 면접관의 심상에 그 후보자에 관한 3가지 핵심메시지가 정리되어 있어야 한다. 그것이 성공적인 인터뷰를 위한 첫 번째 전략이다. 개인에 관한 3가지 핵심메시지는 어디에서 찾으면 좋을까?

그것은 후보자가 지망하는 회사에서 담당하게 될 업무와 관련하여 지니고 있는 이력상의 장점이나 후보자 개인을 강하게 어필할 수 있는 차별화된 포인트를 말한다. 자기소개서에 나오는 이야기를 인터뷰에서 핵심메시지로 몇 번이고 반복하는 경우가 많은데 그 정도로는 부족하다.

이력서와 자기소개서가 표정없는 사실을 중심으로 후보자를 소개하는 문서라면 인터뷰에서는 그 이력서에 나타나 있지 않은 후보자의 가치관이나 성장 및 성공스토리, 본인만의 특징 등을 입체적으로 표현하는 시간이다. 아무리 잘 짜인 글이라 하더라도 음성과 표정이 가미된 인터뷰 보다는 강도가 약할 수밖에 없다.

후보자는 본인에 관한 3가지의 핵심메시지를 준비하여 어떻게든 그 인터뷰 자리에서 면접관에게 전달하고 나와야 한다. 아무런 목적이나 전략, 준비된 메시지 없이 그저 면접관의 질문에 수동적으로 답변만 하다가 보면 면담 분위기도 딱딱해질 우려가 있고, 대화의 주제가 면접관 주도하에 일방적으로 오가게 된다.

축구로 비유하자면 상대의 공격에 1시간 내내 수비만 하다가 허접지겁 경기를 끝내는 것과 다름없다. 이렇게 일방적이고 수동적인 답변만 하면 자칫 후보자의 이미지가 나약하게 보일 뿐만 아니라, 인터뷰 자체가 연결되지 않고 단편적인 주제만 다루어질 우려가 높다. 대화의 내용은 전적으로 면접관의 관심과 의도에 따라 결정되며, 후보자는 면접관에 이끌려 후회스러운 면접이 되고 만다.

사실, 조직에 새로운 인재를 채용하기 위해 면접을 하는 중요한 자리이지만, 많은 경우 면접관마저도 바쁜 일상 업무를 하다가 도중에 면접 자리에 참석하는 경우가 많아서 면접관 스스로도 무엇을 질문하고 무엇을 체크해야 하는지 준비가 제대로 안된 경우가 허다하다.

이런 경우 면접관에게만 주도권을 모두 다 넘기다 보면 면접관 본인도 당황스러운 경우가 있기 마련이다. 대개 면접은 회사 측 면접관이 주도하고 후보자는 그에 대응하는 형식으로 이루어지는 것이 일반적이지만, 그렇다고 면접관의 질문에만 의존하는 인터뷰는 그 후보의 자질과 숨은 잠재력을 파악하는데 많은 장애요소가 된다는 사실을 면접관 뿐만 아니라 후보자 본인도 알고 있어야 한다.

면접에 임하는 후보자는 질문하지 않으면 대답하지 않는다는 수동적인 자세를 갖기보다 면접관 질문 이외에 스스로 하고 싶은 말을 면접하는 동안 기회를 보아 전달하겠다는 적극적인 자세가 좋다. 면접관이 후보자를 자사의 입장에서 통일된 기준으로 평가하려는 관성을 지녔다면, 후보자는 이런 일괄적인 평가에서 벗어나 자기만의 개성과 특별한 점을 부각시켜야 하는 것이다. 이 과정을 충분히 거치는 것이 회사 입장에서나 후보자 입장에서 잘된 면접이다. 그러면 후보자는 본인이 준비한 메시지를 어떤 시간에 전달하면 좋을까? 몇 가지 기회가 있을 것 같다.

첫 번째 기회는 이미 말했듯이 면접 서두에 면접관이 자기소개를 해 보라고 요청하는 경우이다. 본인에게 주어진 이런 일방적인 시간을 잘 활용해야 한다. 본인의 핵심메시지를 단순한 팩트 중심으로 자기소개를 하면 그것은 다른 후보자와 차별화되지 않는다.

대개 후보자가 본인에 관한 핵심메시지를 준비하지 않았을 때 단순 사실 중심의 자기소개를 하게 된다. 준비되지 않은 자기소개는 설득력 없는 자기소개로 이어지며, 인터뷰 전체 흐름의 주도권을 면접관에게 빼앗길 가능성이 높다.

면접 서두에 자기소개 시간이 주어지지 않는다면 어떻게 할까? 걱정할 필요는 없다. 면접이 진행되는 시간 내내 많은 기회가 있다. 어떤 경우에는 면접을 하다가 면접관이 자기의 장점을 얘기해 보라고 할 수도 있다. 후보자는 인터뷰 시간 내내 이런 기회를 엿보고 있어야 하며, 기회가 주어지면 놓치지 말고 바로 준비된 메시지로 연결해야 한다. 이런 경우 준비가 되어 있지 않으면 단순히 '성실하다' '경력이 많다'는 등과 같이 밋밋한 답변으로 이어질 여지가 많다. 준비된 사람은 이런 대답을 하지 않을 것이다.

답변은 또한 질문에 대해 곧바로 하기 보다는 잠시 뜸을 들인 후에 하는 것이 좋다.

이런 시간을 놓치고 나서 나중에 다시 그 시간을 마련하여 본인이 준비한 메시지를 전달하려고 하면 분위기는 어색해지고 듣는 사람도 흥미를 잃게 되어 메시지 강도가 감소하게 된다. 따라서 모든 인터뷰는 주어진 기회를 자연스럽게 잘 활용하는 것이 좋다. 만일 그런 시간을 면접관이 주지 않았을 경우에는? 이 경우에는 면접관의 질문 주제를 본인이 준비한 핵심메시지로 이어가는 방법이 있다. 이 경우에는 대화의 연결기술을 필요로 하는데, 즉 브릿징Bridging 기법이다. 브릿징 기법에 대해서는 나중에 살펴보도록 한다.

만일 인터뷰 시간 내내 그와 같은 기회를 가지지 못했다고 치자. 그러면, 인터뷰 맨 마지막에 면접관이 질문이 있느냐고 묻거나, 하고 싶은 말이 있으면 하라고 할 수 있다. 그 기회를 활용하도록 하자. 질문을 하라고 하더라도 반드시 질문을 해야 한다는 강박관념을 가질 필요는 없다. 그저 면접관의 표현이 그런 것이다. 질문 대신 본인의 메시지를 전달하면 된다.『제가 오늘 인터뷰를 하면서 꼭 드리고 싶은 말씀 가운데 드리지 못한 말씀이 있습니다.』라는 멘트와 함께 본인이 하고 싶은 말을 하면 된다.

이와 같은 핵심메시지는 사실 인터뷰에서만 필요한 것이 아니다. 결혼을 위한 맞선 자리나 소개팅을 하는 경우에도 적용될 것이다. 언제 어느 자리든 써먹을 수 있는 본인의 강점에 관한 핵심메시지는 미리 준비해 두는 것이 필요하다.

본인에 관한 3가지 핵심메시지는 상대에게 전달할 용도로도 사용되나 궁극적으로는 자신을 위한 것으로, 힘들 때나 좌절될 때 이를 떠올리면 새로운 힘의 원천이 되기도 한다. 평소 본인의 장점을 알고 기억한다는 것은 살아가면서 삶의 에너지와 자신감을 얻는데 커다란 도움이 된다.

## 4. 핵심메시지 준비요령

그러면 본인에 관한 핵심적인 메시지는 어떻게 추출할 수 있을까?

**1. 현재까지 본인 이력을 결과보다는 과정을 중심으로 분석해 본**

**다.** 많은 경우, 지나간 이력은 결과만을 중심으로 기록, 정리되는 것이 보통이다. 그것은 인간의 기억력 한계 때문일 수도 있으며, 결과가 그 사람의 현재 모습에 더 많은 영향을 주기 때문이다.

그러나 본인의 사람됨과 인간적인 면모를 보여 주는 인터뷰 자리에서는 종래와는 관점을 달리하여 특정 사안의 결과에 도달할 때까지의 과정을 중심으로 분석해 보고, 다른 사람과 차별화된 본인만의 특징으로 무엇이 있었는지 파악해 보자.

드라마틱한 과정이나 아쉬움은 없는지, 그래서 간발의 차이로 어떤 길을 가지 못했던 기억이 있는지 그것을 되새겨 본다. 과정을 뒤돌아보는 것은 그 과정 가운데 숨은 이야깃거리를 찾기 위함이다.

현대 사회는 결과적 스펙보다는 그 스펙을 둘러싸고 있는 스토리가 설득력이 있는 시대이다. 밑도 끝도 없이 등장하는 사실보다 특정 상황에서 전후좌우로 적응하고 발전하는 본인만의 스토리를 보여 주는 것이 듣는 사람으로 하여금 매력과 실감을 느끼게 하는 것이다. 과거의 뒷이야기는 스토리의 중요한 소재가 된다.

예를 들어, 많은 사람이 군대에 가기 싫어하는 상황에서 어떤 연예인이 최강 군대인 해병대에 자원 입대를 했다고 치자. 그 연예인은 해병대에 자원 입대한 배경과 군 생활에 대한 포부를 이렇게 밝힌다.



이와 같은 촌철살인은 같은 해병대원이라도 부모의 권유에 마지못해 등 떠밀려 오게 된 경우와는 사뭇 그 의미가 다르다.

또 다른 예를 들어 보자. 얼마간의 돈을 걸고 하는 내기 승부에서 100만 원을 벌었다고 가정한다. 그 100만 원 벌어들인 이야기를 그 내기 승부에 대한 이해가 짧은 사람에게 소개한다고 치자. 그 이야기를 듣는 사람은 100만 원의 의미를 알 수 없기 때문에 별 감흥이 없을 것이다. 세상에 내기에서 100만 원을 번 사람이 어디 한둘인가?

그보다 더 큰 승부에서 승리한 사람이 수두룩하다. 100만 원 벌어들인 내기 결과만을 단순히 다른 사람에게 소개하면 그 이야기를 듣는 사람은 그보다 더 많은 돈을 딴 사람을 떠올리며 그 정도는 보통이라고 생각할 수도 있다. 어찌 어찌하여 그렇게 된 모양이라고 생각할 것이다.

이번에는 그 100만 원을 따기 위한 그의 과정과 비결을 소개한다. 예를 들면, 처음에는 하루 용돈으로 생긴 1만 원을 그 내기에서 잃었다. 앞이 캄캄했다. 이후 1만 원씩 10만 원을 추가로 잃었다. 내기를 그만둘까 생각을 하다가 오기가 발동했다. 서점에 가서 그 내기에 관한 책을 모조리 샀다.

게임의 법칙에 얽힌 고도의 수학적 확률을 분석하고, 게임에서 이기는 자들의 마음관리법, 다른 사람의 게임 습관을 보면서 그의 패를 읽는 법, 상대를 혼란케 하는 나의 몸놀림과 표정, 그에 임하는 전체적인 마음가짐 등에 관해 깊은 연구를 했다. 다시 도전. 처음에는 익숙하지 않아 겨우 본전 정도의 성과를 올렸다. 공부를 더욱 열심히 한다. 몸 관리, 마음관리가 안정되면서 연전연승을 했다. 이를 통해 딴 금액이 100만 원이다. 이 금액 100만 원은 종전의 100만 원과는 받아들이는 무게가 다르다.

또 다른 예를 들어보자, 국내 최고의 학력을 보유하고 있는 어느 후보가 있다. 그는 이력서에 단순히 ○○대학교 졸업이라고 적는다. 단순 결과만을 나열하는 셈이다. 보는 사람은 그 사람의 우수한 학력은 인정하지만, 더 이상의 정보는 갖지 못하고 있다. 이 후보는 학창 시절 공부를 잘 했나 보다 정도의 느낌을 갖는다.

같은 대학출신의 다른 후보자는 이 최고의 대학에 합격한 과정을 자기만의 노하우에 따라 기술한다. 본인의 초등학교 시절부터 이 대학에 합격할 때까지 줄곧 1등을 놓치지 않았다면 그는 본인이 천재적 두뇌를 가졌다는 점을 부각할 수 있다. 1등을 놓치지 않았던 비결이 있다면 그것을 소개해도 좋다.

그렇지 않고 평범한 학생에서 우수한 대학에 입학했다면 자기만의 그 비결을 공개한다. 본인만의 작전과 각고의 노력과 장애물 등을 소개한다. 그러면 우리는 그 사람의 입지전적 스토리에 감동한다. 어느 쪽이든 성공에 이르게 된 과정을 함께 접하는 것이 결과만 접하는 것보다 받아들이는 느낌이 훨씬 강력하고, 그 성공스토리에 애정이 간다.

우리는 홍정욱, 박원희 등 해외의 우수한 대학 출신들이 펴낸 책을 통해 그들에 대한 특별한 느낌을 가지고 있다. 그들이 공부했던 과정을 잘 이해하고, 그 과정에 대한 남다른 정감을 갖고 있기 때문이다.

본인이 유명대학교를 졸업하지 않은 경우를 예로 들어 보자. 다른 대학에 입학했다가 원하는 대학에 편입했을 경우에도 마찬가지이다. 종전 대학에 가게 된 계기와 그 학교에 들어가서 어떤 계기로 편입에 도전하게 되었는지, 편입시험은 경쟁률이 어느 정도였는지, 그 편입시험을 준비하는 어려웠던 과정을 소개하는 것도 다른 사람으로부터 흥미를 끌 수 있다.

편입시험도 다른 어떤 시험보다 좁은 문이며, 본래의 학업에 추가하여 공부해야 하는 어려움이 따르는 도전이다.

이처럼 본인의 성공스토리 가운데 특히 본인만의 비결이 있으면 그것이 핵심메시지 가운데 하나가 될 것이다. 이때의 성공이란 반드시 커다란 성공일 필요는 없다. 담배를 끊는 것이라든지, 독서를 하거나 하는 평범한 성공 가운데서 좋은 소재를 발굴할 수 있는 것이다. 작은 습관을 고친 경험이나 매일매일 취하고 있는 생활상에서도 찾을 수 있다.

성공이란 작은 성공이 모여 커다란 성공이 되므로 작은 성공은 큰 성공의 밑거름이다. 이처럼 작은 성공을 생활 속에서 축적해 가는 사람은 반드시 대성할 가능성이 있는 사람이라는 것을 다른 사람들도 알기 때문이다.

**2. 핵심메시지 가운데 또한 소재가 될 수 있는 것은 본인의 철학과 믿음에 관한 것이다.** 개인의 철학과 믿음은 그의 행동양식에 커다

란 영향을 준다. 강한 믿음이 있는 사람은 강한 행동을 하게 된다. 본인의 삶을 지탱하는 강한 믿음이 있는 경우에는 그 믿음을 소개하는 것도 좋다. 이런 믿음을 가진 사람은 상대로부터 신뢰를 갖게 한다.

본인만의 가치관과 철학을 핵심적인 기둥으로 삼아 짧은 면담 혹은 긴 토론이나 소개팅 자리라도 그것과 연관 지어 말하는 것은 커뮤니케이션의 중요한 기법이다. 자기의 연령이나 직업 등 현재 본인이 속한 여건에서 삶의 지혜와 고뇌가 담긴 가치관을 마음의 중심에 담고 실천하는 모습을 타인에게 보여 주라.

이와 같은 본인만의 믿음은 단순히 옛 선현들의 명언이나 옛날 이야기를 암기하고 있는 것과는 다른 이야기다. 본인이 뼈아픈 경험이나 삶의 교훈을 바탕으로 하고, 본인의 미래 모습과도 부합하는 메시지는 생생한 설득력을 갖는다.

이런 철학은 본인이 현재까지 이룬 성과나 모습, 그리고 현재 도전하고 있는 제반 목표가 하나의 공통된 맥락을 이루도록 한다. 그것이 본인의 주관이요, 본인이 개척해 나가는 삶이다.

개그맨 노우진은 원래 축구선수였다. 중학교와 고등학교 시절

차두리와 함께 동료 선수로 뛰었다. 송종국도 같은 배재고등학교 출신인데, 이 정도의 현역선수와도 어깨를 나란히 할 정도로 우수한 축구 선수였다고 한다. 그러나 그는 축구를 통해서는 크게 성공할 기미가 보이지 않았다고 고백한다.

워낙 개그를 좋아했던 노우진은, 결국 축구를 포기하고 개그에 도전한다. 한번 태어난 인생인데 본인이 좋아하는 일을 하자는 생각이었다고 한다. 본인이 기존에 몸담고 있던 분야를 과감하게 포기하고 본인이 특별히 좋아하는 분야로 진출하는 경우에는 그 분명한 의지와 실천이 돋보이는 경우가 많다. 이처럼 분명한 방향과 실천 의지를 갖춘 사람이면 그는 다른 사람에 비해 다른 삶을 살게 될 것이고, 그런 적극적이고 긍정적인 태도는 언젠가 빛을 보게 되어 있다.

이와 같은 본인만의 기호와 가치관은 크든 작든 누구에게나 있을 수 있다. 아무 생각도 없이 살아가는 사람은 이 세상에 없기 때문이다. 본인만의 가치관을 다른 사람에게 보여 주라. 그리고 그 가치관에 따라 어떤 선택을 했으며, 어떤 모습으로 살고 있는지 보여 주라. 그것이 본인의 핵심메시지가 될 수 있다.

**3. 본인이 처한 환경과 그 환경을 극복하는 본인의 모습을 보여**

주자. 즉, 성공스토리이다. 그것을 겸허하면서 솔직하게 보여주자. 신체적, 정신적 장애, 본인이 가지고 있는 능력상의 한계를 극복하고 성취한 것을 보여주자. 가난을 극복하고 일어난 작은 성공, 많은 나이를 극복하고 이룬 작은 성취, 이런 것들을 찾아서 보여주자. 성취는 본인이 가지고 있는 재능과 야망 그리고 열정, 이런 것들의 소산이다. 성공의 크기는 상관없다.

본인의 재능과 관심이 어느 분야에 있는가? 그것을 스스로 확실하게 알고 있는가? 그리고 그 관심과 재능을 펼칠 전략과 구체적인 일정을 준비하여 보여주라. 예상되는 장애물과 극복방안들을 예측하여 보여주면 듣는 이로 하여금 공감을 얻게 될 것이다.

나이가 104살이 되었는데 아직도 아이들을 위해 수학과목을 개인지도하고 있는 어느 노인의 이야기. 어딘가 색다르고 감동적이지 않는가?

나이가 많은 노인이 손자들에게 수학을 가르치고 있다는 단순한 사실만 제공하기보다는 그와 같은 사실이 있기까지의 과정, 즉 건강관리, 지식 습득과정 등과 더불어 그와 연관된 최근의 시험출제 경향을 분석하는 과정과 에피소드 등을 노인의 이야기로 꾸며서 소개하는 것이다. 다른 사람의 감정을 흔들기 위해서는 스토리를 만들어야 하는 것이다.

본인만의 색채가 담긴 성공스토리가 다른 사람을 매료시키는 것이다. 생생한 스토리가 없는 팩트는 설득력이 없다. 그림을 그리듯 자신의 성공스토리를 준비하자.


## 5. 단편적 사실보다는 스토리텔링을 하자

**인터뷰를 할 때는 조각난 여러 개의 사실보다 스토리텔링을 하는 것이 설득적이다.**

〈단편적인 사실〉이란, 예를 들면, 출신학교, 고향, 부모의 직업, 나이, 지나온 과거의 경력, 장래희망 등을 말한다. 이런 단편적인 사실은 주어진 이력서의 양식에 따라 기술할 때 기입하는 팩트들이다. 소위 〈스펙〉이라고 말하는 결과 중심의 역사적 사실이다. 이런 단편적인 사실만을 서로 주고받다 보면 인터뷰를 하는 것이 아니라 취조를 하는 듯 분위기가 썰렁해진다.

반면, 〈스토리텔링〉은 이와 같은 단편적인 사실에 부가가치를
더한 것이다. 즉, 사실과 사실 간의 연관관계를 설명하는 것으로 그
사실이 있게 된 동기, 구체적 목적, 전략과 구현방법, 의미부여 및 관
점, 그 사실이 존재할 당시의 정황과 배경, 역사성 등을 갖게 하는 것
이다. 밀가루가 다른 것들과 섞여 반죽이 되고 궁극적으로 맛있는 빵
이 되듯이 본인에 관한 얘기도 밀가루 상태로 전달하기보다 빵을 만
들어 전달하면 상대가 훨씬 맛있게 받아들일 것이다.


## 6. 긍정적인 마인드 컨트롤

취업 인터뷰를 하는데 피해야 할 가장 좋지 않은 태도 가운데 하
나를 손꼽으라면 소극적이고 자신 없는 태도, 스스로에게 부정적인
이미지이다. 이런 태도는 한마디로 구제불능이다. 실력과 경력이 부
족하거나, 우연한 실수를 하는 것은 교육이나 대화를 통해서 풀어낼
수 있으나, 매사를 부정적으로 판단하고, 특히 본인 자신에 대해 자신
감이 없는 태도는 어떻게 해 볼 도리가 없다.

회사에서 일을 시키고자 인터뷰를 하는데 업무에 대해 자신이
없는 사람에게 무엇을 질문하며, 어떻게 믿고 일을 맡길 수가 있겠는

가? 인터뷰를 제대로 진행할 만한 바탕조차 갖추어지지 않은 경우이
니 인터뷰가 정상적으로 진행될 리가 만무하다.

사람은 누구나 강점과 약점이 있기 마련이다. 동전도 양면이 있고,
세상만사 어떤 사안도 보는 관점에 따라 긍정적일 수도 있고 부정적일
수도 있다. 특히 인간의 문제, 즉 한 개인이 어떤 결정을 내리고, 어떤 상
황에 직면하게 되는 것은 해석하는 방법에 따라 큰 차이가 난다.

스스로를 부정적인 방향으로 몰아가고 있는 경우를 자세히 분석
해 보자. 정말 그것이 부정적인 측면만 지니고 있는가? 거기에 긍정적
인 측면을 발견할 수는 없는가. 분명히 있다. 이제까지 부정적이라고
믿어왔던 사안을 긍정적인 모습으로 바꾸자. 그래야 인터뷰가 올바로
진행된다.

## 7. 미세표정

어느 밀수업자가 마약을 몸에 품고 공항 검색대를 통과하기 위
해 걸어 나온다. 검색대에는 베테랑 검색 요원들이 레이저 감응장치
를 옆에 두고, 통과하는 모든 입국자들의 얼굴을 살핀다. 검색 요원들

의 감각은 레이저 감응장치보다 더욱 정확하다.

밀수업자는 과연 이 삼엄한 경계를 무사히 통과할 수 있을 것인가? 검색대를 통과하는 밀수업자는 외견상 태연해 보인다. 그의 행동은 일반인이 눈치채기에는 조금도 이상할 것이 없다. 그러나 검색대 보안요원들은 귀신같이 그들을 구분해 낸다.

그들은 밀수업자의 얼굴표정을 읽고 그 내면의 미세한 감정을 읽어 낸다. 겉으로는 아무 이상한 점이 없는 그들의 모습 속에 감추어진 긴장, 내면 깊숙이 숨겨져 있는 진실이 그 밀수업자의 모습에서 어떤 어색한 이미지를 만들어 낸다. 본인이 숨기고 싶은 부끄러운 사실, 위장된 감정 등은 본인이 의도적으로 나타내는 표정에 겹쳐 드러난다. 이 숨은 표정은 어느 순간 상대방에게 감지된다.

인터뷰할 때도 마찬가지이다. 후보자가 어떤 사실을 숨기고 표피적인 인터뷰를 하면 그의 미세한 표정은 면접관에게 읽힌다. 그는 어딘가 자신 없는 태도와 표정으로 시종일관 미세하게 불안한 얼굴을 보인다. 아주 작은 차이가 얼굴 표면에 보일 듯 말 듯하다.

미세표정Micro-Expressions의 원리이다. 마음속에 불안한 것들을 숨겨 두지 마라. 부끄러워 숨길 과거가 있다면 인터뷰 장소에 가기 전에 그 사실을 긍정적인 이미지로 변경하라. 아무리 부끄러운 과거가 있다고 하더라도 거기엔 긍정적으로 승화시킬 점이 분명히 내포되어 있다.

인터뷰 현장에 도착하기 전에 마음속에 자리 잡고 있는 부정적인 요소를 재해석하여 완전히 제거하여 밝고 당당한 자기 이미지를 가지고 간다. 그래야 흔들리는 미세표정이 나타나지 않는다.

실제로 일어난 예를 들어 보자.

어떤 후보자가 회사를 이직하기 위해 평범한 얼굴로 면담 차 나를 찾아왔다. 그는 나를 찾아오기 전 이미 나와 몇 차례 통화를 한 바 있는데, 전화 목소리에서도 어딘가 불안감이 묻어 있었다. 뭔가를 숨기는 듯 자신이 없었다. 전화로 들려오는 그의 목소리는 톤이 낮고 불분명했다. 그와의 통화는 그래서 시원하지 않았다.

그는 나와의 처음 면담에서는 억지로 자신감을 보이는 듯했다. 어색한 분위기와 끊어지는 대화. 시간이 얼마 흐르지 않아서 그는 과장되고 강한 표정에서 아주 조금씩 약하고 부정적인 이미지를 드러내기 시작했다.

나는 그의 이력서를 다시 검토하면서 태연하게, 그러나 유심히 그의 표정을 살피기 시작했다. 그의 이력서에는 중견 글로벌 기업에 각각 4년가량을 다닌 것으로 되어 있었다. 이력서만 보아서는 나무랄 데가 없었다.



내가 이런 질문을 하자 그는 이상하게 당황하는 눈치를 보였다. 부자연스러운 표정을 나타냈다. 그는 두 회사와의 사이에 공백 기간 이 있었는데, 그것을 이력서상에 숨기고 있었다. 내가 그 질문을 하자 그는 그때서야 그 공백을 털어놓았다.

나는 이력서와 다른 그의 실제 이력에 다소 당황하면서 그에게 그 공백 기간 동안 했던 일을 질문했다. 그는 머뭇거리는 태도로 작은 개인사업을 했다고 털어놓았다.

그에 의하면, 그는 나를 만나기 직전 다른 두어 군데 인터뷰를 했 는데, 그곳 면접관들은 본인의 개인사업 경력에 대해 매우 부정적이 고, 의심스러운 눈치를 보였다는 것이다. 그것 때문에 그가 지원한 모든 회사에서 낙방했다는 것이다.


그는 자기가 했던 사업이 그가 지원하는 회사의 업무와 직접적인 관련이 없고, 또한 직장생활로 보면 외도에 가깝다고 생각한 나머지 개인사업을 했다는 사실 자체를 이력서에서 삭제하고 인터뷰에서도 그 사실을 숨기고자 했다는 것이다. 그러나 그는 인터뷰를 하면서 시종 그 사실 하나가 가슴에 남아서 인터뷰 전체에 부정적으로 영향을 끼치더라는 것이다.


본인의 이력을 속였으니 그럴 수밖에 없을 터였다.

그는 나를 만났을 때도 처음에는 그런 사실을 숨기고 있었기 때문에 어딘가 의심이 가는 표정을 머금고 있었다. 눈동자는 적지 않게 불안정했다. 그런 태도와 이미지 때문에 나도 그에게 어딘가 확신이 들지 않았다. 내가 이런 의심스러운 눈치를 보내자 그는 말했다.

여러 형태의 사람을 많이 만나 보았으니 솔직하게 말씀 드리겠습니다. 학교를 졸업하고 처음으로 들어 간 회사가 얼마 지나지 않아 부도가 났습니다. 저는 비록 그 회사의 주인은 아니었지만 다니던 회사가 갑자기 부도났다는 소식에 큰 충격을 받았습니다. 겉으로는 멀쩡했던 회사였고,

그래서 저도 믿고 입사를 했던 회사가 하루아침에 저도 모르는 이유로 부도가 나는 것을 보고 저는 많은 생각을 했습니다. 회사가 부도나면 회사 소유주 자신도 모든 것을 잃게 되지만, 그와 동시에 그 회사에서 함께 일하던 모든 직원들과 그 가족에게도 엄청난 손해를 끼치게 된다는 것을 저는 경험으로 깨달았습니다. 회사가 부도나는 이유는 나로 인한 이유 외에도 여러 가지가 있겠구나. 이런 생각을 하게 된 나는 다시 다른 회사에 입사하기 보다는 회사를 직접 차려서 부도가 나지 않는 방법으로 경영을 해야겠다고 생각했습니다. 지금은 당시의 그런 생각이 반드시 옳았다고 보기 어렵고, 다시 취업 전선으로 돌아왔지만, 그때는 그 생각이 저를 강하게 지배했었습니다. 막상 개인사업을 하니 회사생활보다 어려움이 더욱 크고 사업은 나의 예상보다 훨씬 고생스러웠습니다. 사회 경험이 짧은 저로서는 이런 부족한 판단으로 여러 가지 어려움을 겪게 되었고, 손해도 컷지만 느낀 점도 많습니다.

그는 회사생활을 접고 개인사업을 한 점, 그리고 다시 취업하게 된 것에 대해 적지 않은 부끄러움과 회한을 보여주고 있었다. 그가 본인의 경력을 숨기고자 한 것은 이런 이유 때문이었다. 인터뷰를 하면서 그런 사실을 숨기려고 하니 그의 표정이 안정될 리가 없었고, 상대로 하여금 의심이 갈만한 충분한 이유가 있었던 것이다. 이렇게 말한 그는 『내가 개인사업을 했다는 것이 그렇게 나쁜 건가요?』라고 나에게 반문했다. 그의 개인사업 이력을 그가 지원한 회사의 면접관들은 매우 부정적인 시각으로 보더라는 것이다.

그의 말을 듣고 나는 대답했다. 『개인사업을 한 것이 잘못된 것이 아니라 그것을 숨긴 것이 잘못된 것입니다.』

사정을 좀 더 듣고 좋은 방안을 생각해 봅시다. 나는 그의 이야기를 더 들어 보기로 했다. 그는 처음 개인사업을 하면서 가졌던 각오와 고생담 등을 털어놓으며, 이런 힘든 생활보다는 차라리 회사생활을 하는 것이 좋겠다는 생각을 다시 가지게 되었다고 한다. 그래서 두 번째 회사에 허겁지겁 입사를 했다.

그러나 허겁지겁 일자리를 선택하다 보니 직업으로서의 필요한 제반 조건이나 근로계약 등을 소홀히 하여 결국 두 번째 회사에서도 성공적으로 안착하지 못하고 다시 사직하게 되었다는 것이다. 그가 두 번째 회사를 사직한 이유는 입사 당시 불분명하게 해 둔 근로조건을 회사 측에서 일방적으로 유리하게 해석하여 상황을 악화시켰다는 것이다.

그는 최근 일련의 취업과 관련된 일로 인해 심적으로 피로한 상태에 있었으며, 과거에 비해 자신감도 많이 떨어졌다고 말했다. 나는 제안했다.

가지 않았던 길에 대해 미련을 갖지 말고 내가 살아왔던 길을 긍정적으로 해석합시다. 그것이 해결을 위한 출발점입니다. 인생은 공격하는 것이 수비하는 것보다 편리할 때가 많지요. 인터뷰를 할 때도 마찬가지입니다. 자, 우선 회사 생활을 접고 개인사업을 시작한 것은 잘한 것입니다. 잘한 것이라는 전제를 하고 이야기를 진행합시다. 다른 사람이 가져보지 못한 경험과 용기를 본인이 가졌으니 대단한 일이지요. 사업을 한다고 모두 성공한다는 보장은 없죠. 인생에서 좋은 경험과 교훈을 많이 얻었을 겁니다.

다시 회사생활을 하여 성공적으로 적응하고 있지 않습니까? 좋은 성과도 내고 있고요. 최근 사직한 회사도 본인의 책임이라기보다는 그 회사의 사장이 약속을 지키지 않은 결과입니다. 그런 사실을 가지고 스트레스를 받을 필요가 없습니다. 본인이 경험한 것, 본인이 걸어온 길에 대해 긍정적으로 평가하고, 적극적으로 면접관에게 말해 줍시다. 숨기려고 하면 그 나쁜 의도가 얼굴에 나타나서 더 나쁜 결과가 나오는 법입니다. 자신감 있고 열정적인 태도가 면접관을 감동시킵니다. 그것이 자기의 인생을 주도적으로 살아가는 사람의 모습이지요.

우리는 이런 전략에 따라 이력서와 자기소개서를 모두 보완하기로 했다. 숨겨 두었던 이력을 모두 꺼내 표기하고, 그렇게 살아왔던 이력에 대해 긍정적인 해석을 덧붙이기로 했다. 그의 표정에는 생기와 자신감이 감돌기 시작했다. 그는 대화를 나눌수록 좋은 직장인이었으며, 인생의 깊은 맛을 가진 사람이었다.

## 8. 한 박자 늦춰 답변하기

면접관이 어떤 질문을 하더라도 질문이 끝나자마자 곧바로 답변하지 말자. 질문이 끝나면 3초 정도 여유를 가지고 대답을 하자. 급하게 대답하다 보면 신중하지 못하고 서두르는 것 같은 인상을 주며, 본의 아닌 대답으로 실수하는 경우도 있다. 여유가 있으면 좀 더 정리되고 나은 답변을 할 수 있다.

대답은 짧고 간결하게 하고, 중요한 사항이나 결론부터 말한다. 결론을 먼저 말한 후, 그 결론에 도달한 이유를 간략히 설명하는 것이 더 분명해 보이고 지루하지 않아서 설득력 있다. 답변할 때는 무엇보다 자신감과 소신 있게 대답하며 면접관을 바라보며 대답한다. 대답에는 화려한 미사여구보다 진실성이 있는 것이 중요하다.

## 9. 브릿징 스킬

〈브릿징 스킬: Bridging Skill〉이란 인터뷰 등과 같이 사람과 만나 대화를 할 경우, 대화의 주제나 분위기를 한곳에서 다른 곳으로 이동하기 위해 대화와 대화 사이에 다리를 놓는 기법을 말한다. 〈브릿징 스킬〉은 대화의 주제가 본인의 관심권 밖이거나 혹은 그 주제가 본인에게 불리한 상황으로 전개될 경우, 그 물꼬를 바꾸어 대화의 주도권을 본인이 갖도록 하는 기법으로 〈대화와 대화 사이의 다리 놓기〉라고 할 수 있다.

이 기법은 일반적으로 사람들이 대화할 때 분명한 목적이나 전략을 가지고 있지 않거나, 혹은 대화를 통해 얻으려는 것이 100% 완벽하게 설정되어 있지 않은 경우가 많다는 점을 기술적으로 활용하는 것이다.

예를 들면, 맞선을 보는 자리라고 가정하자. 맞선 당사자는 그 자리에서 만날 상대에 대한 기대는 많이 하지만, 정작 그에 알맞은 대화의 주제를 치밀하게 준비해 오는 경우는 많지 않다. 별 준비 없이 맞선 자리에 덜렁 나가서 상대와 마주하다 보면 할 말이 딱 떠오르지 않는다. 차분하게 분위기를 이끌어 나갈 수가 없다.

머쓱하게 얼굴을 마주하고 어색한 시간을 보내다 보면 대부분의 맞선 당사자들은 기껏해야 상대의 고향이나 가족상황, 출신학교, 나이 등과 같은 개인정보나 캐묻게 된다. 어떤 경우에는 소개한 사람으로부터 이미 들어 아는 정보를 그 자리에서 심심풀이로 확인하는 경우도 있다.

애써 기대하고 설레는 마음으로 간 자리가 깨지고 상대방에게서 듣게 되는 피드백은 남의 집안 사정을 취조하러 온 사람 같다는 말을 들으며 아쉬운 발걸음을 남기게 된다.

이런 경우 스스로 오늘의 성공적인 맞선을 위해 몇 가지 대화 주제를 준비해 가지고 가는 것이다. 대화의 주제는 당연히 본인에게 유리한 주제를 선정한다. 그리고는 서로가 별 의미 없이 그저 던져보는 대화에 이끌리지 말고, 본인이 준비해 간 유리한 주제로 대화를 슬그머니 전환하는 것이다.

그 맞선 자리에서 본인의 강점, 과거의 보람 있었던 점, 아름다운 추억, 본인의 가치관 등에 대해 대화를 하는 것이다. 본인이 전문성을 가진 부문에 대해 이야기를 하는 것이니 마치 홈그라운드에서 경기하는 격이라고 할까? 특히 상대가 대화의 주제를 정하지 않고 나온 것처럼 보이는 경우에는 처음부터 대화를 주도해 나갈 수 있다. 아니면 대화의 중간에 기회를 보아 본인이 준비한 주제로 대화를 이끌어 당긴다. 이렇게 하면 상대로 하여금 믿음을 줄 뿐만 아니라 본인 스스로도 뿌듯하고 그만큼 성취감을 갖게 된다.

스스로 준비한 메시지는 몇 번 사용하다 보면 본인에게 굳은 인생관으로 자리 잡게 된다. 정리되지 않은 메시지로 어지럽게 시간을 보내기보다는 이처럼 계획적이고 전략적으로 상대와 대화를 하는 것이다.

이 〈브릿징 스킬〉을 취업을 위한 면담 자리에서도 활용해 보자.

대부분의 면접에서 거론되는 주제는 한 가지 정답을 갖는 경우는 거의 없다. 인생을 살아가는데 정답이 하나밖에 있을 리 없다. 면접관역시 스스로 던진 질문에 대해 정답을 갖지 못하는 경우도 많다. 인터뷰 자체가 정답을 도출하는 자리가 아니기도 하다.

면담은 왜 하는가? 그것은 면담하는 후보자를 직접 만나 서로 확인하고 후보자의 인간적인 면모나 상황을 헤쳐 나가는 순발력, 가치관이나 인생관을 어느 정도 확고하게 구축하고 있는지 등을 파악하기 위함이다. 브릿징 스킬이 활용될 기회가 바로 여기에 있다.

브릿징 스킬을 잘못 활용하면 동문서답이 되는 것은 아닐까? 당초에 주어진 질문을 비켜나서 다른 주제로 옮겨 간다면 엉뚱한 답변이 될 수 있지 않을까? 그렇지 않으면 당초 질문을 던진 면접관을 무시한다는 인상을 주지는 않을까?

그렇지 않다. 브릿징 스킬이라고 해서 당초 주어진 주제를 무시하고 다른 주제로 넘어가라는 것은 아니다. 일단 주어진 주제에 대해서는 어느 정도 성의 있게 답변을 한 이후 자기가 좋아하는 다른 주제로 이동하는 것이므로 유사한 주제가 연속하여 이어지는 효과가 있다. 이처럼 브릿징 스킬을 활용하여 본인이 가지고 있는 통찰력과 가치관 등을 분명하게 전달하면 다른 후보와의 차별화를 하는 데 많은 도움이 된다. 인터뷰를 가벼운 채팅 정도로 하는 것은 친근한 인상을 줄 수는 있으나 깊은 신뢰를 주기에는 적지 않은 제한이 따른다.

면담자와 친근감을 잃지 않은 채 면담자가 예측하지 못한 본인의 내공을 보여주는 것은 인터뷰를 하는 최대의 목적이 될 수 있는 것이다.

## 10. 브릿징 스킬의 활용

브릿징 스킬은 어떤 대화가 오갈 때 그 대화의 마지막 주제에 이어 본인이 넘어가고자 하는 주제로 대화를 연결하는 기법으로 가능하다.

예를 들면, 면접자가 마지막으로 궁금한 사항이나 질문이 있으면 해 보라는 요청을 했다고 치자. 이때 후보자는 반드시 질문해야 할 필요는 없다. 질문해야 한다는 강박관념으로 오히려『입사하면 연봉은 얼마나 되는가?』혹은『사장까지 진급하는데 시간은 어느 정도 소요되는가?』『출퇴근 시간은 몇 시인가?』등의 엉성한 질문을 하면 그것은 하지 않는 것보다 못하다.

특히 출퇴근 시간이나 공휴일 쉬는지 질문하는 것은 피해야 한다. 열정적으로 일하기보다 쉬는 것이 우선인 것처럼 관심을 갖는다는 인상을 주기 때문이다. 이런 질문을 하면 아무리 좋은 이미지를 가졌던 면담자라도 쉽게 이미지가 나빠질 수 있다.

그럼, 『궁금한 사항이 있으면 질문을 하라』는 요청을 슬기롭게 다른 국면으로 전화하려면 어떻게 하면 좋을까?

『질문이라기보다는 제가 인터뷰 동안 빠트린 말씀이 있는데 그 말씀을 드리겠습니다』라는 코멘트와 함께 주제를 브릿징하고 본인이 강조하고 싶은 점을 첨언하면 된다. 그렇게 하면 일 처리를 말끔하게 하는 것 같은 인상도 주고, 뭔가 생각이 있는 사람이라는 느낌도 들게 한다.

브릿징 스킬의 또 다른 예를 들어 보자.

주량이 약하고 술을 잘 못하여 평소에 영업과 같은 대인관계를 많이 해야 하는 직무에 지원해서 불합격한 전례가 있는 후보자가 있다고 치자. 이번에도 어김없이 면접관은 후보자의 〈술 실력〉에 관해 질문한다. 주량을 술 실력이라고 표현해서 좀 그렇기는 하지만…….

브릿징 스킬을 활용하지 않는 사례.

면접관: 주량은 어느 정도 되십니까?

후보자: 술은 잘 못합니다.

면접관: 영업을 하는데 술을 잘 못 마시면 어려움이 많이 있겠습니다.

후보자: 술을 잘 하는 친구를 데리고 가면 되지요. 저는 술을 안 먹고도 취한 사람들 기분을 잘 맞춰 주면서 놀 수 있어요. 현재까지 늘 그렇게 해 오고 있습니다.

면접관: 그것은 가면을 쓰고 사람을 대하는 것과 같습니다. 저의 주변에도 그런 사람 있는데 술자리에 가면 서로가 심적으로 부담이 되더라고요.

후보자: 부담 느낄 필요는 없습니다.

이 면담은 면접관의 공격과 후보자의 방어로 일관되고 있다. 면접관의 공격성 질문에 후보자는 변명과 같은 방어로 인터뷰에 임하고 있는 것이다. 후보자 입장에서 보면 이 술과 관련된 방어적 면담이 매우 곤혹스러울 것이다. 이 주제가 얼른 다른 주제로 바뀌기를 바란다.

이런 면담은 끝나고 나면, 후보자는 대개『에라, 싫으면 치워 버려라. 술로 영업을 하는 그런 회사는 나도 들어가기 싫다. 그리고 이제까지 술 안 먹고도 영업을 잘해 왔다는데 왜 자꾸 시비를 거는지 모르겠다. 내가 술을 먹기 싫어서 안 먹나? 술이 몸에 안 받아서 못 먹지. 술로 영업을 하는 우리나라의 관행은 고쳐져야 해』라는 피드백을 늘어놓게 된다. 그러나 뒷맛이 개운하지는 않다.

이 경우, 브릿징 스킬을 사용하면 어떻게 인터뷰가 진행될 지 상상해 보자.

> 면접관: 주량은 어느 정도 되십니까?
>
> 후보자: 술은 잘 못 마십니다. 소주 두어 잔이 정량이지요. 하지만 저에게는 술 마실 시간도 많지 않습니다. 퇴근을 일찍 하는 날에는 해야 할 일이 많기 때문이죠.
>
> 면접관: 퇴근해서 하는 일이 어떤 것인데요?
>
> 후보자: 야간 테니스 클럽과 중국어 회화모임도 그 가운데 하나입니다. 술을 먹고는 그런 자리에 갈 수가 없어요.

그저 단순히 〈술을 못 마신다〉고 건조하게 대답을 하고 나면 대화의 주제가 계속해서 술에서 머물러 있게 된다. 반면 이처럼 본인이 취약한 주제인 술에서 본인이 자신 있는 주제인 테니스나 중국어 쪽으로 대화를 은근슬쩍 전환하면 많은 경우 대화의 주제가 테니스나 중국어로 바뀐다.

이 경우, 전환하고자 하는 주제를 테니스 혹은 중국어 한 가지만 던지면 상대가 해당 분야에 관심이 전혀 없거나 잘 모르는 경우에는 주제 전환이 안 되는 경우도 있다. 따라서 대화 상대로 하여금 선택적으로 따라올 수 있도록 전환의 주제를 2가지가량 폭넓게 제시하는 것이 좋다.

만일 상대가 일본어를 공부하고 있는 경우라면 대화는 자연스럽게 외국어 공부로 일반화될 가능성이 있다. 그렇게 되면 면접관은 일본어를 공부하면서 느끼는 여러 가지 피드백을 언급할 수 있으며, 후보자는 중국어에 관해 대화하면서 대화의 주제는 외국어 공부에서의 어려움과 각 나라의 언어의 특징 등으로 옮겨 갈 수 있을 것이다.

만일 면접관이 운동에 관심이 많은 경우에는 『테니스를 잘 치는 모양이군요.』 혹은 『테니스는 언제부터 치게 되었는지요.』 등과 같은 질문을 할 수도 있다.

후보자가 이렇게 술 마시는 일에 관심을 두지 않고 그 대신 운동이나 어학 공부에 열중하고 있는데 여전히 술 실력에 대해 물고 늘어지는 면접관도 있을 수는 있으나, 이렇게 줄기차게 한 가지 질문에만 매달리는 면접관도 좋은 면접관이 아니다.

물론 이와 같은 브릿징 기법을 모든 대화를 할 때마다 매번 계속해서 사용하면 자칫 상대의 마음을 언짢게 할 수도 있다. 상대가 궁금해 하는 점을 무시하고 본인이 일방적으로 행동한다는 우려를 줄 수 있기 때문이다. 그러나 많은 경우, 이와 같은 브릿징 스킬을 활용하면 상대는 눈치를 채지 못할 뿐 아니라 오히려 대화 주제의 빈곤현상을 후보자가 해결해 주기 때문에 고마워할 수도 있다.

대화의 과정에서 브릿징 스킬이 연속적으로 활용되는 경우를 보자. 이렇게 되면 대화가 좀 더 다이내믹해 질 수도 있는데 어느 순간 본인이 깊은 내공이 있는 부분에 와서는 브릿징 스킬을 중단하면 된다.

대화의 주제가 중국어로 전환되었다고 가정하자.

**면접관:** 그러면 중국어 회화 클럽에 나간 지는 얼마나 되었나요?

후보자: 네, 약 3년가량 되었는데 3년쯤 다니다 보니 당
초 중국어 회화에만 관심을 가진 것에서 요즘은
중국의 역사와 문화에 관심을 가지게 되더군요.
저는 그동안 미국의 문화와 역사에 관심이 있었
는데 중국과 미국의 역사, 문화에 관심을 갖게 되
면서 두 나라를 비교해 보는 것도 재미있었습니다.
면접관: 중국과 미국의 역사에서 어떤 점이 차이가 나던가요?

이렇게 해서 본인이 좋아하는 역사 분야로 대화를 옮긴다. 한국어와 일본어의 예를 들고, 인류의 이동과정을 간략하게 설명하면서 중국민족의 정착과정과 한민족의 정착과정을 덧붙인다. 원래 대화의 주제는 자신의 취약 부분인 〈술 실력〉이었으나, 이제 그 주제와는 상당히 멀어진 본인의 전문 분야인 역사문제로 대화를 이동시켰다.

만일 이 경우 본인의 전문분야가 역사분야보다는 음악에 있다고 치자. 그렇다면 대화의 어느 시점에서 이렇게 말하면 어떨까?

두 나라는 역사뿐만 아니라 음악에 있어서도
이런 차이가 발견됩니다.

이렇게 전제한 뒤 중국음악과 미국음악을 비교한다. 그러면 대화는 어느덧 음악의 영역으로 넘어와 있음을 알 수 있다. 물론 이런 시도는 모든 분야에서 항상 사용될 수는 없으나 본인의 강점이 어느 부분에 있는지 파악하여 필요할 때 사용하면 많은 도움이 된다.

브릿징 기법을 사용할 때는 처음에는 이전된 새로운 주제에 대해서 가벼운 터치를 한다. 왜냐하면, 상대가 그 주제에 대해 관심을 가지는지를 파악한 이후에 다음 주제를 진행해야 하기 때문이다. 대화를 브릿징 할 때는 대화와 대화 사이에 전환용 멘트를 넣는 것이 필요하다. 그렇지 않으면 대화가 연결되지 않고 끊어져서 어색하다.

**1. 다른 분야의 주제가 진행되고 있는데 본인이 그 주제에 대해 더 이상 대화를 진행하고 싶지 않을 때**

『저는 이 점을 중요하게 생각합니다.』라는
멘트로 본인이 희망하는 주제로 넘어간다.

**2. 후보자가 어떤 사안에 대해 설명을 하는데 본인의 멘트에 대해 상대방이 좋은 인상을 느끼지 않는다는 인상을 받았을 때**

『이렇게 말씀을 드리면 어떨까요?』라는 멘트로 내가 조금 전에 언급한 내용에 변화를 주면서, 아울러 상대를 배려하는 것 같은 인상도 줄 수 있다.

3. 현재의 대화 주제에 대해 전면적으로 다른 주제로 넘어가고 싶을 때

『그것과 관련해서 제가 강조하고 싶은 점은 이것입니다.』라고 말한 후 본인이 하고 싶은 말을 이어 나간다.

4. 현재 대화와 유사한 대화이나 조금씩 그 주제를 벗어나고 싶을 때

『혹시 이런 점은 생각해 보셨는지요?』

5. 대화의 내용을 풍성하게 하는 것처럼 보이는 기법이지만, 실제로는 다른 주제로 넘어가고 싶을 때

『그와 유사한 관점으로 이런 점을 말씀드려 보겠습니다.』이 경우 새로운 대화의 내용이 기존의 주제와 반드시 유사할 필요는 없다.

6. 다음과 같은 표현도 전형적으로 대화를 다른 주제로 넘어가도록 하는 좋은 표현이다.

『그렇게 말씀하시니 생각나는 점이 있네요.』

예를 들어 보자.

질문:『고객에게 본인만의 고유한 방법을 사용하여 제품을 성공적으로 판매해 본 적이 있는지요?』

이 경우, 만일 후보자가 세일즈 경험이 전혀 없어서 고객에게 제품을 판매해 본 경험이 없는 경우, 『아, 네. 없는데요.』라고 건조하게 답변을 하면 면담의 분위기는 썰렁해지고 더 이상 추가적인 질문을 할 여지가 없어진다. 또한, 실제로 그런 좋은 경험이 없다는 것도 자랑할 만 것은 아니다.

이렇게 답변을 한 사람은 영업경험과 관련하여 마이너스 한 포인트를 얻게 된다.

그러면 이어지는 질문은 『물건을 팔아 본 경험이 없이 어떻게 세일즈를 할 수 있겠습니까?』 등과 같은 공격성 질문이 되며, 상황은 본인에게 불리하게 전개될 것이다.

이 경우,

대화의 주제가 물건을 팔아 본 경험 여부에서 친구 모임의 총무 역할과 리더십으로 이동했다. 『○○고객사에 아시는 분이 있는지요? 그 회사에 영업하려면 아는 사람이 많아야 할 텐데요.』라는 질문을 받았다고 가정해 보자.

그 회사에 아는 사람이 생각나지 않는 경우, 그저 『없습니다.』라고 딱딱하게 말하기보다는 다음과 같이 답변한다.

아는 사람이 바로 생각나지는 않습니다. 곰곰이 생각해 보면 간접적으로 아는 사람이 있을 것으로 생각합니다만, 제가 드리고 싶은 말씀은 간접적으로 아는 사람보다는 잘 모르는 사람을 상대로 영업하는 것이 더 나을 수 있다는 생각을 평소에 가지고 있습니다. 공연히 아는 사람을 찾아가서 그 사람이 도와줄 수 없을지도 모르는 일을 부탁하기보다는 생면부지의 사람을 대상으로 그 사람의 업무적, 인간적 욕구를 충족시켜 줌으로써 세일즈 본래의 모습을 보여 드리고 싶습니다. 저는 그것이 진정한 세일즈라고 생각합니다. 그런 능력과 의지가 저에게 있느냐 하는 것이 더욱 중요하다고 봅니다. 영업하려면 고객이 무엇을 원하는지에 대한 욕구파악을 하고, 고객이 원하는 것을 만족시켜 주어야 한다고 생각합니다. 요즘은 고객의 욕구도 워낙 빠르게 변화하고 복잡해져서 관계를 바탕으로 하는 인간적인 호소는 한계가 있다고 생각합니다. 고객에 대해 스스로 많은 공부를 하여 그들의 욕구를 지속적으로 만족시켜 주는 것이 더욱 중요할 것으로 생각합니다. 아는 사람에게 가서 부탁하는 것은 한두 번은 들어 주겠지만 계속 들어 주기에는 한계가 있겠지요. 영업의 본질은 그런 것이라고 생각합니다.

대화의 주제가 『아는 사람이 있느냐?』에서 영업의 본질로 이동했다.


# 11. 묻지 않더라도 이 말은 하고 나오자

사람은 누구나 들어서 기분 좋은 공통적인 말들이 있다. 그런 유형의 말은 평소 인간관계 형성을 위해서도 유용하지만 면접 자리에서도 도움이 될 수 있다. 재치 있는 말로 다른 사람의 기분을 좋게 하는 것은 사람이 살아가는 소중한 도구가 된다.

면접할 때는 어떤 말들이 심사위원들의 기분을 좋게 해 줄까?
우선 상대방이나 상대 회사에 대한 칭찬이다.

심사위원이 묻는다.

『만일 이번에 합격하지 못한다면 어떻게 할 계획인가요?』

이 경우,

『떨어지면 할 수 없지요. 이 회사와는 인연이 없는 것으로 봐야죠, 뭐……』

이런 대답보다는 더욱 적극적으로 대답해 보자.

『이번에 떨어지면 원인분석을 하고 실력을 더 길러서 내년에 다시 도전하겠습니다.』

훨씬 감칠맛이 나는 말이다.

심사위원에게 감동을 주는 재치 있는 표현은 많다.

『그런 말씀을 들으니 점점 더 이 회사에 입사하고 싶어집니다.』

『평소에 이 회사에 대한 이미지를 참 좋게 가지고 있었는데, 이번에 서류전형까지 합격하게 되어 참으로 다행입니다. 꼭 입사하게 되었으면 좋겠습니다.』

『저는 이 회사가 내놓는 제품이나 이 회사가 속한 산업 발전 가능성이 아주 높다고 확신합니다. 우리 인류의 생활이 앞으로 더욱 윤택해지면 이런 제품은 쓰지 않고서는 안 되기 때문입니다. 저도 이 회사의 발전을 통해 인류의 행복에 한몫을 하고 싶습니다.』

『저는 평소 이 회사에 대해 좋은 이미지를 가지고 있었는데, 면접관님을 뵙고 나서 더욱 좋은 인상을 느끼게 되었습니다. (정색하고서) 좋은 분을 모시고 일하는 것도 큰 보람이라고 생각합니다.』

# 12. 인터뷰는 폼이다

소개팅에 가서나 채용 인터뷰에 가서나 대화는 내용만큼이나 형식도 중요하다. 상대방과의 대화에서 좋은 내용은 좋은 형식을 갖추는데 기반이 되고, 좋은 형식은 또한 좋은 내용을 이끌어 내는데 많은 도움을 준다.

많은 후보자들이 질문에 대한 답변 내용에 지나치게 신경 쓰다가 형식을 간과하는 경우가 있으나, 답변자의 자세나 태도 등이 내용을 뒷받침하는데 매우 중요한 요소란 점을 잊지 말자. 답변자의 좋지 못한 태도나 습성, 표정 등은 좋은 내용을 빛바래게 하는 원인이 된다.

기온에도 온도계가 가리키는 온도가 있고, 우리가 실제로 느끼는 체감온도가 있듯이, 면접에서 오고 가는 말도 같은 말인데도 어떻게 포장되어 전달되느냐에 따라 효과가 많이 다르다.

〈메라비언의 법칙〉에 따르면, 커뮤니케이션의 효과는 전달되는 내용보다 그 이외의 다른 많은 요소에 의해 결정된다고 한다.

커뮤니케이션 효과는 전달되는 내용이 7%를 차지하고, 말하는 사람의 태도가 20%, 표정 35% 그리고 목소리가 38%를 차지한다고 한다. 내용이 차지하는 비율이 상대적으로 낮고, 목소리가 다른 요소에 비해 가장 많은 영향을 미치는 것을 볼 수 있다. 면접할 때 목소리를 가다듬고, 분명하고도 강한 톤으로 대화해야 한다는 것을 보여 준다.

커뮤니케이션의 구성 요소로 보면, 언어적 요소가 7%, 억양 38%, 몸짓 55%라는 이론도 있다. 몸짓이나 억양이 말에 담긴 내용보다도 중요하다는 것이다.

사실, 면접관이 묻는 질문에는 정답이 없다. 우리 회사에 대한 이미지나 본인의 철학, 인생관 따위의 주제에 정답이 어디에 있는가? 개인마다 개성이 있고, 그 개성에 따라 살아가는 것이다. 각각 선호하는 것에 따라 살아갈 뿐이다.

따라서 모든 질문에는 상식적이고 건전하면서도 개성 있는 답변이 가장 좋다. 물론 어느 분야에서는 구체적인 통찰을 보여 주는 것이 필요하고, 어떤 경우에는 본인의 지식이나 열정을 보여 주는 것이 필요하다. 그러나 그런 것 못지않게 중요한 것은 현장에서의 태도이다. 대화를 통해 면접관과의 인간적 교류를 어떻게 하는가 하는 것이 가장 중요한 것이다. 자연스럽고 신뢰를 주는 자세로 면접관의 질문에 응해야 할 것이다. 인터뷰에서 부자연스러운 태도는 어떤 좋은 답변으로도 설득력을 얻지 못한다.

면담에서 중요한 것 가운데 또한 시선 처리가 있다. 후보자의 시선은 그 사람의 마음가짐을 그대로 보여 준다. 눈을 아래로 깔고 있으면 겁에 질려 있거나 오만하게 느껴진다.

그러면 시선은 어디를 얼마나 자주 쳐다보아야 하는가?

면담할 때나 소개팅을 할 때도 가급적 많은 시선을 상대와 교환해야 한다. 진지하면서 부드러운 시선, 약간의 미소를 머금은 표정으로, 눈에 힘을 주고 상대의 시선과 마주해야 한다. 그리고 마음속으로 나는 당신의 일거수일투족에 관심이 있으며, 특히 당신의 말과 표정에 진심으로 관심이 있다는 느낌을 주어야 한다. 그렇게 할 때 상대와 마음의 교감을 일으킬 수 있다.

반듯한 자세, 적절한 제스처, 단정한 복장 등은 상대를 존중한다는 에티켓의 필수요건이다.

어떤 경우에는 면담하려는 회사에서 정장과 같은 복장이 필요하지 않다고 알려오는 경우가 있다. 그럴 경우에는 질문을 통해 면담 상황을 파악해 두자. 만일 그 인터뷰 자리가 야외이거나 혹은 그와 유사한 경우여서 모든 사람이 정장 차림을 하지 않는 때에는 본인도 하지 않아도 좋다. 그렇지 않을 경우에는 될 수 있는 대로 단정한 복장을 갖추는 것이 예의이다. 복장이 단정하면 같은 표현이라도 내용에 힘과 무게가 실리고, 그럼으로써 발언의 의미를 더 해준다.

『나는 당신을 위해 최선의 준비를 다 한다. 그러므로 당신도 나를 위해 최선을 다하라. 그것이 나의 삶의 방식이다.』

복장을 단정하게 하는 것은 무언으로 상대에게 이런 느낌을 주며, 이런 당당한 자세야말로 상대로 하여금 나에 대한 부담과 긴장을 갖게 하고, 나를 만만하게 대하지 못하게 한다.


## 13. 발음을 분명하게 하도록 의식적으로 노력하라

대화를 할 때는 목소리는 크고, 발음은 분명하게 하는 것이 매우 중요하다. 낮고 불분명한 목소리는 듣는 사람을 힘들게 하며, 내용을 자신 없게 만들고, 인터뷰 전체를 건조하게 한다. 분명하게 발음을 하면 상대에게 본인의 생각을 정확하게 전달할 뿐 아니라 대화를 하면서 생각이 또렷해지는 효과가 있다.

대화를 하면서 몰랐던 사항이 불현듯 생각나기도 하고, 뚜렷하지 않았던 생각이나 사상도 분명해진다.『갑자기 내가 이렇게 말을 잘할까?』하는 생각이 나기도 하며, 인터뷰가 끝나고도 시원한 느낌을 갖게 된다. 대화의 상대가 신뢰를 갖게 되는 것은 물론이다.

처음부터 큰 목소리로 말하면 분위기가 어색해질 우려도 없지 않으므로 처음에는 나직하지만 또렷한 목소리로 힘주어 말한다. 차츰 인터뷰가 진행되면서 조금씩 목소리의 톤을 높인다. 상대가 눈치채지 못할 만큼.

목소리에 힘을 주면 자연스럽게 발음이 또렷해진다. 그렇게 발음하기 위해 평소에 노력해 두자. 발음이 불분명하고 흩어지면 내용이 산만해지고, 점차 대화의 상대방에게 주눅이 들며, 기가 눌리게 된다. 일단 그런 상태에 빠져들면 좀처럼 헤어나기 어려워지는데, 이때 갑자기 헤어나기 위해 목소리 톤을 높이면 상대방에게 도전적으로 보이거나 상대를 거칠게 대하려는 것처럼 보여서 인터뷰 자리가 불편해질 수도 있다.

그러면 상대는 오해를 하게 된다. 뭔가 대화가 잘못되었나 하는 공연한 우려를 서로가 하게 된다. 그러므로 처음부터 목소리를 가다듬어 상대와 비슷한 수준의 목소리 톤으로 시작하되 상대보다 더 정확한 발음을 내는 것이다.

상대방을 부드러우면서도 강력하게 응시하고, 또렷한 목소리로 이야기를 풀어 가면 전반적으로 대화의 분위기가 나에게 쏠리는 듯한 느낌을 갖게 될 것이다.

핵심은 자신감이다. 자신감이 대화의 폭을 확장시켜 주며, 자신감이 지식의 깊이를 더해 주는 것이다. 대화의 목소리를 크게 하고, 발음을 분명하게 하면 스스로 자신감이 생긴다. 본인이 말하고 있는 주제에 대해 스스로 확신과 믿음이 주어진다.

이렇게 확신과 믿음을 가지고 던지는 메시지는 상대에게도 내용에 대해 믿음을 갖게 한다. 확신을 가지고 대화를 하다 보면 주제에 대한 어렴풋한 생각이 정리된다. 정리된 생각이 표현되는 것이 아니라, 평소 머릿속에서 정리되지 못한 모호한 내용이 표현되면서 정리되는 것이다.

상대의 주장도 선명하게 다가온다. 나의 주장과 상대의 주장을 비교 검토해보는 여유도 생긴다. 대화가 끝난 이후에도 그 주제에 대해 추가적인 발상이 떠오른다. 나는 점점 깊고 폭넓은 아이디어맨이 된다. 면접에서 등장할 만한 질문을 미리 예측하고 답변을 미리 준비한다고 해도 한계가 있을 수밖에 없는데, 면접에서 분명한 발성과 자신감 있는 태도는 이처럼 예측하지 못한 상황에 직면할 경우 용이하게 대처할 수 있는 힘을 준다.

확신에 찬 발언, 힘 있는 단어들이 본인의 생각을 넓고 분명하게 해 준다. 시중의 커뮤니케이션 학원에 가면 〈가갸 거겨 고교 구규〉 하면서 발성연습을 많이 하는데 이런 초보적 발음훈련 역시 대화에서 자신감을 갖게 하기 위한 목적이다.

## 14. 면접이 피상적인 대화로 흐르는 것을 피하라

면담을 하다 보면 본인이 지망하는 포지션과 직접 연관이 없는 피상적 내용으로 주제가 일관되는 경우가 있다. 1시간이라는 짧은 면담 시간에 이처럼 대화 내용이 피상적으로 흐른다는 것은 대개 좋지 않은 경우이다. 신변잡기와 비슷한 허접한 내용이 대화의 주요 토픽인 경우에는 그만큼 면접관이 후보자에 대해 관심이 없다는 것이다.

피상적인 대화의 주제란 어떤 것인가? 예를 들면, 어디에 사느냐? 어느 학교를 나왔는가? 집에서는 몇 째인가? 키가 얼마인가? 몸무게는? 따위의 표피적인 내용이다. 면담의 목적과도 큰 관련성이 없을 뿐 아니라 대화의 깊이가 없어서 대화가 수시로 단절되기 일쑤다. 이런 주제들은 대개 면접관이 후보자에 대해 관심이 적을 경우에 등장한다.

대화가 흥미진진하게 흘러서 당사자들이 시간 가는 줄 모르고 진행하는 것이 바람직한 것이지, 지루한 단답식의 대화는 서로를 피곤하게 한다. 질문도 대화를 길게 할 수 있는 흥미 있는 주제를 꺼내야 하며, 답변하는 경우에도 단답식을 피해야 한다.

『반지가 예쁘다.』『옷은 얼마를 주고 샀느냐?』『오늘 아침 식사는 했느냐?』는 등의 대화는 상대의 멋진 외모로 이미 다른 요소들을 제외하고라도 합격을 시켜야 하겠다는 생각이 들지 않는 이상 별로 좋은 질문이 아니다. 그런 질문을 면접자가 하면 브릿징 기법을 활용하여 대화의 주제를 다소 진지한 방향으로 흐르도록 한다.

너무 진지한 대화만으로는 자칫 의견충돌 같은 바람직하지 못한 결과를 초래할 수 있으나, 본인의 업무에 대한 통찰력과 전문성을 보여 주기 위해서는 가벼운 대화로는 차별화되지 않는다. 다른 후보자와 차별화되지 않는 면담은 성공적이라고 보기가 어렵다.

『먹는 것은 무엇을 좋아하느냐?』『좋아하는 색깔은?』 등의 질문도 좋지 않으며, 특히 명품을 좋아하는지 혹은 비싼 음식을 좋아하는지 등의 질문은 후보자에 대한 비아냥거림일 수 있으므로 경계할 필요가 있다. 이 경우에는 본인의 이미지가 나쁘게 형성되었다는 것으로 판단하고 대화의 주제를 다른 방향으로 이끌어 갈 필요가 있는 것이다.

그렇다고 『왜 본론으로 들어가지 않나요?』라든지 조금 더 질문다운 질문이나 진지한 질문을 해 달라고 반박하는 것은 바람직하지 않다. 지혜롭게 브릿징 스킬을 활용한다. 가벼운 질문에는 가볍게 응하는 것이 바람직하나 가벼운 대화가 너무 오래 지속되면 주제를 진지한 대화로 흐르게 유도한다.

예를 들면, 『아침 식사는 하고 왔나?』라는 질문에는 『집에서 식사하고 왔습니다. 저는 될 수 있으면 부모님과 식사하는 것을 좋아해서 오늘도 온 가족들이 집에서 함께 식사를 했습니다.』라고 비슷한 주제를 조금 추가한다. 그러면 상대가 나의 식사습관을 통한 가족관계를 이해할 수 있게 되고, 그 이해를 바탕으로 정감을 느끼게 됨은 물론 다음 질문을 위한 유리한 실마리를 제공하는 효과가 있다.

## 15. 솔직함을 돋보이게 하는 멘트들

면담을 할 때 가장 중요한 요소는 어떻게 하면 본인의 말에 상대방이 공감과 믿음을 갖도록 하는가 하는 것이다. 면담에서의 대화가 걸돌거나 내가 한 말을 상대가 믿지 못하는 분위기가 조성되면 그 면담은 결과가 명백한 것이다. 이런 질문을 받았다고 가정하자.

**[ 당신의 직업관은 무엇인지 말해 보세요 ]**

이 경우 그저 단순히 『저의 직업관은…』이라고 바로 답변을 하는 방법도 있다. 그러나 그럴 경우 너무 답변에 급급하다는 인상을 주고 면담의 분위기를 딱딱하게 할 우려가 있다. 면담의 분위기는 딱딱할수록 후보자에게 손해이다.

그러므로 이 경우 『아~, 그건 제가 종전의 회사에서 이 회사로 옮기고자 지원을 하면서 갖게 된 생각인데요.』라는 사족을 달고 본인이 생각한 직업관을 설명하면 면담장의 분위기는 한결 부드러워질 것이다. 비록 설명한 직업관이 다소 미흡하다 하더라도 어느 정도 애교가 작용할 가능성도 있다.

혹은 『직업이 당신에게 주는 의미는 무엇이라고 생각하는가?』라는 물음에는 『그 질문은 여기 지원서를 내고 친구들과 이야기를 하다가 제가 말한 것인데 그걸 물어보시는군요..』라고 하면 생생한 인상을 주게 되지 않을까?

이런 기법은 자주 사용하면 역효과가 나지만, 한두 번 활용을 잘하면 인간적인 모습으로 비칠 가능성이 높고, 말하는 사람도 진실성이 있어 보인다. 그 밖에 유사한 표현도 상상해 볼 수 있겠다.

『오늘 면접을 하러 오면서 복잡한 전철에서 생각한 것인데……』

『어젯밤 잠자리에 들면서 생각해 본 것인데…』

『학교에 다닐 때 시험에 나와서 제가 잘 못 쓴 것인데…』

『안 그래도 그걸 말씀해 주시길 바랐었는데…』 등이다.

## 16. 막연한 이야기보다는 예를 들어 설명하기

어떤 주제를 설명하는 경우, 백 마디 장황한 말보다 한 가지 예를 들어 주는 것이 더 높은 효과를 준다. 예를 드는 경우에는 〈잘 알려진 예〉를 드는 것이 좋으며, 설명하고자 하는 것과 비슷하면 된다. 설명에 이용되는 사례를 〈토피카(Topica)〉라고 하는데, 이 토피카를 기회

있을 때마다 모아 두었다가 적절한 시기에 사용하면 아주 좋을 것이다. 토피카를 모아서 비유의 대가가 되자.

필자가 그동안 모아 둔 토피카를 몇 가지 소개해 보자. 이 토피카는 필자가 고안한 것이 아니라 유머집이나 인터넷 등을 보며 인상적인 것만 골라 보관해 둔 것이다.

**[ 욕심이 많은 사람 이야기가 나올 경우 ]**

팔 하나가 간신히 들어가는 입구가 좁은 구멍에 팔을 집어넣고 무화과를 잔뜩 움켜쥔 원숭이에게 어떤 일이 일어나는지 생각해 보라. 무화과를 놓기만 하면 원숭이는 주먹이 작아져서 구멍으로부터 팔을 뺄 수 있다. 그러나 원숭이는 팔은 빼고 싶으면서도 좋아하는 무화과를 놓을 생각은 하지 않는다. 실제로 아프리카에서는 원숭이를 포획할 때 원숭이의 이런 단순한 욕심을 이용한다.

『무화과를 버려라. 그러면 당신은 목숨을 구할 것이다.』
우리의 욕망도 이와 같다.

**[ 신의 존재에 대하여 ]**

무신론자와 유신론자가 눈에 보이지 않는 신의 존재에 대해 논쟁을 한다. 유신론자의 주장. 시계의 예를 들어 보자. 우리가 손목에 항상 차고 다니는 시계는 매우 복잡하고 정교한 기계라서 아무나 제작할 수는 없다. 시계를 처음 발명한 사람은 매우 치밀하고 지성적인 존재라고 할 수 있다. 인간의 생명체 원리를 자세히 생각해 보자. 시계보다 훨씬 더 복잡하고 정교하다는 생각이 저절로 들 것이다. 인간의 생명체와 우주의 작동원리는 우연히 탄생한 것이라고 하기에는 너무 완벽하게 짜여 있으며, 이는 엄청난 능력을 가진 창조자가 만들었다고 생각할 수밖에 없다. 그러한 엄청난 존재를 우리는 신이라 부른다.

또 다른 예화.

한 랍비가 유명한 설교자인 친구에게 『여보게, 야곱! 자네는 설교 때마다 어떻게 그렇게 주제에 꼭 맞는 예를 찾아낼 수 있나?』하고 물었다. 그러자 그 설교자는 다음과 같은 예화를 하나 들어 친구에게 대답했다.

어떤 명사수가 있었다네. 그는 오랫동안 수련을 받고 사격대회에서 여러 번 우승을 한 다음 휴식을 취하려고 고향에 돌아왔어. 고향에 돌아온 그는 그 시골마을 어떤 집 앞마당에 있는 벽에 분필로 많은 원들이 그려져 있는데 모든 원의 한가운데 총탄 자국이 나 있는 걸 우연히 목격했다네.

　그는 이 시골마을에 이와 같은 명사수가 있다는 사실에 놀라 동네에 수소문했지. 결국, 그는 그 총탄자국 주인공의 집을 알아냈어. 가슴 조아리며 그가 찾아간 그 명사수는 놀랍게도 맨발에 누더기를 걸친 어린 소년이었지. 그는 소년에게 물었다네. 어떻게 그 완벽한 사격술을 익히게 되었는지 말이야. 소년은 대답했어. 『저는 사격술을 익힌 적이 없어요. 저는 먼저 담벼락에다 총을 쏘고 난 다음 분필로 총탄 구멍 주위에 원을 그렸을 뿐입니다.』 나도 마찬가지야. 평소에 재치 있는 비유나 사례를 모아 놓았다가 거기에 알맞은 주제를 찾아 대화를 이끌어 간다네.

　대화를 할 때 예를 들어 설명하는 기법에 대한 매우 적절한 사례이다.

### [ 논리적인 사람에 관해 ]

　서로 친구인 논리학자와 윤리학자가 함께 식당에 들어갔어. 두 사람은 같은 생선을 주문했는데 웨이터는 두 마리의 생선을 한 접시에 담아 내 왔지. 그런데 공교롭게도 두 마리 생선 가운데 한 마리가 유난히 더 컸어. 이를 본 윤리학자가 먼저 논리학자인 친구에게 『자네가 먼저 고르게.』하고 권했지.

그러자 논리학자는『그럴까?』하며 큰 생선을 덥석 골랐지. 두 사람 사이에 잠시 껄끄러운 침묵이 흐른 후, 윤리학자가 입을 열었어.『만일 자네가 나에게 먼저 고르라고 권했다면, 나는 작은 생선을 택했을 걸세.』그러자 논리학자가 응수했지.

『그렇다면 문제가 없지 않은가? 작은 걸 고르려는 자네를 위해 내가 작은 것을 남겨 둔 것인데.』

면담에서 이 정도의 토피카 한두 가지를 의도적으로 사용하면 분위기를 부드럽게 할 수 있을 뿐 아니라 면접관에게 좋은 인상도 남길 것이다.


## 17. 전문용어를 사용할 경우에는 친절한 설명과 함께

후보자가 속해 있는 집단만이 사용하는 전문용어나 은어는 가급적 사용하지 않는 것이 좋다. 만일 불가피하게 사용해야 할 필요가 있으면 면담자에게 그 뜻을 설명해주면 좋다. 전문용어를 사용하면서 용어의 의미까지도 친절하게 설명해주면 면접관은 그 후보자가 아주 섬세하고 자상한 성격의 소유자라는 인식을 갖게 될 것이다.

어떤 것이 전문용어인가? 그 기준은 그 전문용어를 이해해야 할 상대방에게 있다. 상대방이 알아들을 수 없는 단어는 전문용어라고 생각하면 좋을 것이다. 신세대들이 사용하는 은어도 나이가 든 계층들은 이해하기 어려운 것들이며, 노인들이 사용하는 한자숙어와 특수계층이나 특정 지방에서 사용하는 단어들도 전문용어에 속한다고 해야 할 것이다.

무엇보다 특정 산업에서 사용하는 약자나 영어단어 등을 사용할 때는 가급적 일반인들도 이해할 수 있는 언어로 풀어서 설명하는 것이 좋다.

면접관이 현업 부서장인 경우에 대화는 어느 정도 전문용어를 사용하면서 대화를 해도 좋을 것이다. 그러나 대화의 당사자가 인사 담당자이거나 아니면 그 회사의 고위 중역일 경우에는 가급적 전문용어를 사용하지 않아야 한다.

전문용어를 풀어 설명할 때는 집에 있는 본인의 부모에게 설명한다는 마음가짐과 그 수준이면 무난할 것이다. 대화의 상대가 아버지라는 생각을 하면 마음도 편안해지고 설명도 용이하게 될 것이다.

『우리 아버지는 이 정도를 알아들으실까?』라는 생각을 해보면 설명의 수준에 대해 어느 정도 감이 잡힐 것이다. 전문용어를 풀어 설명하는 것도 능력이 필요하므로 잘 설명하면 좋은 점수를 받을 것이다. 평소 부모나 형제들에게 본인이 하고 있는 업무에 대해 설명하는 습관을 기르면 인터뷰를 할 때 익숙하게 할 수 있을 것이다.

## 18. 지원하는 포지션을 더욱 연구하라

자기소개서를 작성하거나 면접을 할 경우, 본인이 지원하고자 하는 회사에 대한 정보와 그 회사가 속해있는 산업, 그리고 본인이 근무하고자 하는 부서의 성격에 대해서 연구하여 깊이 익혀 둘 필요가 있다. 자기가 하게 될 업무에 대해 명확한 이해를 하고 지원하는 것과 그렇지 않고 어렴풋한 상태에서 지원하는 것과는 서류나 면담의 내용이 판이할 수 있기 때문이다.

회사에 대해서는 매출, 순이익, 제품 및 그 제품의 시장에서의 위치, CEO의 경영철학, 영업과 서비스를 하는 방식, 비즈니스 모델, 경쟁사 동향, 현안, 인재상 등에 대해 파악을 해야 한다. 특히 그 회사가 속해 있는 산업의 특징, 미래의 전망, 해외의 동향, 핵심 쟁점 등에 대해 파악해 두는 것은 매우 중요하다.

이와 같은 정보를 파악하고 나면 이력서나 자기소개서를 어떻게 작성해야 할 지 좀 더 구체적인 아이디어가 나올 수 있다. 인터뷰에서 면접관의 질문을 보다 명확하게 이해할 수도 있고, 질문에 뚜렷한 방향을 가지고 전략적인 답변을 할 수도 있을 것이다. 자기를 채용할 사람이 지니고 있는 당면과제를 이해하고, 그 과제에 대한 해법을 제시할 수 있다면 채용담당자가 느끼는 감동은 다른 어떤 것보다 값질 것이다.

회사에 대한 정보가 부족한 상태에서 내가 그 회사에 지원하는 이유가 연봉을 더 많이 받는 것 이외에는 잘 떠오르지 못하면 면접을 할 때도 대화가 모호해지고 자신감이 떨어지며, 그런 미세한 차이는 심사하는 측이 먼저 알아차릴 것이다. 자신감 있는 면접은 상대방의 입장에 대해 정확한 파악을 기초로 한다.

기술의 발전, 소비자의 욕구 변화 등 사회는 빠른 속도로 진화되고 있으며, 이에 따라 어느 부서이든 변화와 혁신을 추구해야 하는데 후보자가 면접장에서 만나는 사람은 해당 현업 부서에서 바로 그런 고민을 현재 하고 있는 사람들이다. 현재 고민하고 있는 사람들에게 그 주제에 대해 도움이 되는 아이디어를 제공하거나, 혹은 함께 고민을 한다는 인상을 주면 그들로부터 큰 신뢰와 호감을 갖게 될 것이다.

그러면 각 부서별로 변화와 혁신을 위해 어떤 고민들을 하고 있는지 예를 들어 보자. (이는 독자 여러분의 생각을 이끌어내기 위한 개괄적이고 단순한 예시입니다.)

## [ 영업 ]

종래 사람 사이의 관계와 로비에 의한 영업방식으로부터 탈피하여 보다 과학적인 방식으로 급진전하고 있다. 지인에게 청탁을 하고 대가를 지불하는 재래식 영업방식은 투명한 사회가 될수록 반드시 퇴보를 한다. 투명하고 정직한 사회는 이미 상당히 진전되어 있으며 머지않아 사회 구석구석에 자리 잡을 것이다.

비즈니스의 역사가 축적된 선진국에서는 많은 시행착오를 거쳐 이미 과학적 영업방식이 많이 정착해 있고, 우리나라도 사회적으로 그 필요성에 대한 공감대가 빠르게 형성되고 있다. 영업은 고객과, 고객의 고객에 대한 철저한 분석을 기초로 한다. 역사적으로 선비문화에 근거한 사무직 우대 풍토로 인해 일반 행정직에 대한 막연한 동경과 영업직에 대한 기피현상 또한 급격히 달라질 것이다.

영업은 기업에서 가장 핵심적인 역할이며 가장 난이도가 높고 우대를 받으며 가장 예술적인 부서가 될 것이다. 유능하고 패기에 찬 비즈니스맨은 영업 부서에 도전하고자 할 것이며, 고객의 욕구를 만족시켜 줌으로써 기업의 성장을 이끌어 나갈 중추적인 부서가 영업이다. 다른 부서는 영업을 위한 지원조직이다. 기업의 가장 커다란 책무이자 윤리는 기업이 도산하지 않는 것이다.

고객에게 제품을 판매하고 사후 관리와 후속 제품 및 부품으로 지속적인 고객지원을 해야 할 생산자가 도산하여 사라져 없어져 버린다는 것은 결과적으로 그 회사제품을 구매한 고객에게 피해가 가는 것이다. 기업이 고객을 끝까지 책임지고 서비스를 하는 바탕은 영업 행위에서 출발하는 것이다.

## [ 재무 ]

비자금과 뇌물로 점철된 과거의 기업관행에서는 돈을 관리하는 재무팀이 막강한 힘을 가지게 되었다. 음성적인 자금을 마련하여 관리하고 그 자금을 기업 소유주의 뜻대로 배분하고 유통시키는 일을 담당해 온 재무관행은 글로벌 경쟁환경에서는 빠른 속도로 사라질 것이다. 정직하고 투명한 관행이 사회 전반에 걸쳐 요구되고 있으며 비즈니스 세계에도 머지않아 정착될 것이다.

최고경영자의 비자금을 관리하고 각 부서의 예산 지원을 한다는 명목으로 기존에 기업의 가장 핵심적인 부서로 자리해 왔던 재무팀은 그런 임무에서 벗어나야 할 것이다. 기업 내 수입과 지출의 총체적인 통합관리시스템이 갖추어져 투명한 선진형 비용관리체계가 자리를 잡고 있다.

재무팀의 과제는 기업이 보유하고 있는 자산과 비용의 효율적인 관리, 현금의 흐름, 기업 흡수합병에 따른 위험도 분석, 통합생산성 향상, 선진 회계기법 및 절세, 투자수익 분석 등 캐피탈리스트Capitalist 로서의 기능이 확보되어야 할 것이다. 공정하고도 윤리적인 영업 관행의 정착과 자금의 사용에 대한 대 직원 의식개혁에도 노력해야 할 것이다.

## [ 인사 ]

직원들이 드높은 열정과 사기를 가지고 일할 수 있는 조직을 만드는 것이 최우선 과제가 될 것이다. 종래 인사위원회라는 이름으로 기업 내 인력의 확보에서부터 배치, 경력관리, 포상 및 처벌 등을 통한 강력한 인사권 행사는 사라질 것이다. 직원의 인사관리를 위한 제반 인사제도 즉, 채용, 인력관리 및 수급, 교육, 포상 및 징계, 최적의 인적자원관리 등은 자연스럽게 현업 부서로 이동한다.

인사담당자들은 심리학, 교육학적 지식으로 무장하여 구성원 개개인의 인간으로서의 욕구를 만족시켜주는데 힘을 쏟아야 하며 최고의 인재확보, 그리고 그들을 기업의 문화와 전략에 맞는 창의적인 특수 인재로 육성하고, 적재적소에 재배치함으로써 거시적으로 보아 인력의 누수가 발생하지 않도록 해야 할 것이다. 최적의 인력으로 최대의 성과를 낼 수 있도록 짜임새 있는 인력활용이 과제가 될 것이다.

### [ 마케팅/홍보 ]

회사의 이미지 및 브랜드 창출을 위한 첨병의 역할을 해야 할 것이다. 하루가 다르게 달라지는 기술의 발전에 따라 그와 같은 신기술을 어떻게 마케팅 홍보에 활용할 것인가 하는 것이 큰 과제이다. 그리고 그 신기술이 기업 내부에 자리 잡아 조직 전체가 효율적으로 운영되도록 하는데 많은 연구를 해야 할 것이다. 그런 기술의 출현과 활용 방안에 대해 끊임없는 촉각을 세우고 있어야 할 것이다.

소비자들의 트렌드와 사회의 유행에 민감하고 경쟁기업의 동향에 대해서도 항상 긴장을 늦추지 말아야 할 것이다. 종래 기업의 역할이 영업을 통한 자사의 이익 창출에 집중하는 것이었다면 앞으로는 국가 경쟁력 제고와 건전한 사회를 만드는데 구성원으로서의 기업의 존재를 강조하게 된다.

사회에서의 기업의 확대되는 역할에 마케팅 홍보 부서가 앞장서야 하며 사회 발전에 가장 핵심적인 역할을 하게 될 기업의 과제를 연구하고, 대중이자 소비자인 그들을 위해 기업이 해야 할 일을 앞서 연구하고 추진하는 조직이 되어야 할 것이다.

또한 직원들이 그 조직에 속해 있는 이유를 제공하고 어떤 보람과 긍지를 가져야 하는지 메시지를 개발하며, 그 메시지를 전 직원이 체계적으로 공유할 수 있도록 해야 할 것이다.

## [ 총무 ]

종업원이 회사 생활을 함에 있어서 불편한 점을 뒤에서 지원해 주는 역할이 종래 총무 팀의 역할이었다면 앞으로는 첨단 기술과 접목하고, 한편으로는 회사의 경영전략과 맥을 같이 하는 친환경 근무 조건을 제공해 주는 것이 관심사항이 될 것이다.

오늘날 조직은 에코 생명체로서의 기능이 더욱 강조되고 있으며, 조직을 둘러싸고 있는 협력업체, 고객 및 소비자, 판매 및 납품업체 조직들과 광범위한 이해관계 생태계를 형성하고 있다. 조직 내부적으로는 기술 발전과 더불어 편안함과 행복을 추구하기 위해 까다로운 욕구를 가진 수준 높은 구성원들이 모이고 있다.

이 구성원들의 안락하고도 위생적인 환경에 대한 욕구, 효율적인 업무성취에 대한 욕구, 안전에 대한 욕구 등을 총체적으로 만족시켜 주어야 하는 것이 총무팀의 과제가 될 것이다.


**[ 개발 ]**

기술개발은 이제 속도와 정확성을 다투는 치열한 전쟁이 되었다. 종래 기업이 필요로 하는 모든 기술을 자체적으로 개발했다면, 이제는 경쟁사와도 특허를 공유하는 계약을 하고 있으며, 외부의 제3자와 협력 시스템을 구축하여 필요한 기술을 개발하고 있다. 더 나아가 커다란 연구 체인망도 구성될 것으로 보인다.

기업의 기술발전은 이제 인류의 과학기술역사에 이바지해야 하는 거시적 관점과 더불어 시장에서 소비자들의 빠른 욕구변화에 민감하게 대응해야 하는 책무가 주어진다. 개발팀은 영업 및 마케팅과 긴밀한 관계가 형성되어야 하며, 단순한 성능의 향상보다는 인간의 감성을 자극하고 포용하는 인간중심적 기술이 무엇보다 중요할 것이다.

또한 원자재의 확보를 위한 동시다발적인 노력과 아울러 디자인 감각을 수렴하는 복합적 개발이 이루어져야 할 것이다. 원천 기술연구 및 외부기술의 확보 등을 위한 연구가 필요할 것이다.

**[ 전략/기획 ]**

최고경영자의 시각으로 시장에서 소비자의 욕구흐름을 면밀하게 파악하는 능력과 통찰력을 가진 집단으로서 마케팅과 연계하고 언제나 경쟁사 동향 및 자사의 경쟁력을 분석하고 이에 대처할 수 있어야 할 것이다. 조직 전체의 프로세스를 관리하고, 부서별로 가진 에너지를 통합하여 전체로서 더욱 큰 힘을 가진 조직으로 성장하기 위한 연구 집단이 되어야 할 것이다.

이와 같은 각 조직별 기능과 역할 역시 진화를 거듭할 것이며, 상황에 따라 부서 명칭의 변경과 부서간의 통폐합이 이루어질 것이다. 특히 시장의 다원화와 각 부서 영역간의 상호 역할 및 기능의 변화로 인하여 부서의 이합집산과 유기적인 연동 등이 필요할 것이다.

## 19. 본인의 장점을 강조하는 보충자료 휴대하기

인터뷰는 말할 필요도 없이 대화로 이루어지지만 아무런 근거자료 없이 말로만으로 이루어지는 면담은 상호 신뢰를 주기에는 한계가 따르기 마련이다. 본인이 얼마나 훌륭한 삶을 살았든, 얼마나 매력적이든 간에 그저 빈말로 상대를 설득하는 것은 쉬운 일이 아니다. 이때

필요한 것이 본인의 주장을 뒷받침할 수 있는 자료를 지참하여 보여
주는 것이다.

예를 들면 학창시절에 전 과목 최고점수를 받았다고 가정하자.

이와 같은 사실을 그저 4.0 만점에 4.0을 받았다고 이력서의 학점
란에 기록하는 것도 필요하지만, 실제 성적표를 보여주면 받아들이는
강도가 훨씬 강할 것이다. 한마디 말로서 『나는 학창시절 전 과목 A학
점을 받았어요.』라고 하는 것보다 전 과목 A라고 된 서류를 가지고 와
서 보여 주는 것이 훨씬 효과가 높다는 것이다.

물론 자료를 보여주는 것은 너무 과시적으로 보일 우려도 있고,
자료를 휴대하는 것이 불가능할 수도 있으므로 요령껏 해야 한다. 『그
냥 말씀으로 드리는 것보다 자료를 보여드리는 것이 확실한 것 같아
서 서류로 제출하기 위해 준비한 자료를 가지고 왔는데 보여 드릴까
요?』 등과 같은 말로 오해를 사전에 없애는 것이 좋다. 인터뷰 상대에
게 그냥 태권도 고단자라는 설명보다는 그와 같은 말과 더불어 『시범
을 보여 줄까요?』 하고 말해 본다. 그냥 말만 듣는 것과 직접 시범을
보는 것과는 엄청난 효과차이가 있다.

만일 그가 개그에 소질이 있다고 치자. 그저『개그를 잘합니다.』라는 멘트 보다는『저는 개그를 좋아하는데 한 가지 보여 드릴까요?』하면서 직접 개그를 준비하여 간단히 보여 주는 것이다.

또한, 다른 사람이 받지 못한 특별한 상이나 자격증이 있다면 그것도 준비해서 보여 주는 것이 좋다. 축구나 야구, 유도 등 국제 경기의 공인 심판자격증이나 스포츠 댄스 자격증 혹은 골프지도자 자격증 등도 도움이 될 것이다. 백문百聞이 불여일견不如一見이다.

## 20. 면접 시 일반적 고려사항

### 1. 답변은 가급적 구체적으로 한다.

숫자나 금액 등을 동원하고, 계량화할 수 있는 것은 모두 계량화하여 언급한다. 답변은 스토리로 만들어 설명한다. 스토리로 만든다는 것은 단순한 사실을 열거하는 것이 아니라 사실과 사실 사이의 연결고리를 발견하고, 그 연결고리를 활용하여 주제가 있고 재미도 있는 이야깃거리로 발전시킨다는 것이다.

### 2. 능력 계발을 위해 꾸준히 노력하고 있는 모습을 보여준다.

노력의 성과가 있으면 그 성과를 소개한다. 성과는 작고 하찮
은 것이어도 좋다. 그것에 의미를 부여하고 그 작은 성공이 본
인이 꿈꾸고 있는 미래와 어떤 연관성이 있는지를 설명할 수
있다면 금상첨화이다.

**3. 면접관에게 던질 용도로 3개 가량의 질문을 준비한다.**

그 질문은 지원회사에 대한 초보적인 질문이 아니라 산업에
대한 통찰로 대화가 진전될 수 있는 것이어야 한다. 그리고 그
질문에 대해 본인의 의견도 준비한다. 질문은 단순히 궁금증
을 해소하는 것이 아니라 그 질문을 통해 본인의 해당 분야에
대한 통찰력을 보여 주는 대화거리가 되어야 한다.

**4. 면접관이 외국인일 경우에는 Mr. OOO라고 자주 불러 준다.**

그러나 Steve, John 등과 같은 간소한 표현은 가급적 하지 않는
다. 처음 만나서 너무 친근한 것처럼 접근하면 외국인이라도
오해를 할 수 있다.

**5. 인터뷰 직전에 긴장이 된다고 하여 담배를 피우거나 냄새가
나는 것은 섭취하지 않는다.**

**6. 본인이 제출한 이력서와 자기소개서를 지참하며, 약속시간에
늦지 않는다.**

**7. 하나의 질문에 답변시간을 대략 1분 정도로 한다.**

답변이 너무 길면 장황하게 느껴지며, 너무 짧을 경우 면접관

을 긴장하게 하고, 인터뷰를 건조하게 할 우려가 있다.

8. **면접관의 말에는 공감을 표시하나 모든 언급에 대해 〈Yes Man〉이 되면 안 된다.**

나의 주장을 확신 있게 표현하며, 상대의 말에도 유연하게 대처한다.

9. **본인이 그 포지션에 관심이 있음을 강하게 표시하고, 입사하게 되면 어떻게 할 것인지 의견을 구체적으로 밝힌다.**

10. **기존에 다녔던 회사의 상사나 회사 운영방식 등에 대해 나쁘게 언급하지 않는다.**

이런 함정은 대개 이전 회사의 퇴직사유를 해명하는 과정에서 본인을 합리화하기 위해 나타나는 경향이 많다. 이전 회사를 나쁘게 평가해야 그 회사를 떠나게 되는 명분이 서게 되는 것이다. 그러나 이 경우 본인과 그 회사를 이분법적으로 혹은 대립관계로 해석하기 때문이다. 제3의 이유를 생각해두자. 과거에 만났던 사람을 나쁘게 평가하는 것은 본인의 좋지 않는 성품만 보여 줄 뿐이다.

이전 회사의 퇴직이유에 대해서는 부정적으로 말하기 보다는 진솔하게 말하되 장래에 대한 경력관리와 꿈을 실현하기 위한 장기적인 관점에서 스스로 한 결정이란 점으로 승화시킨다.

11. **인터뷰가 끝난 이후의 스케줄에 대해 간략히 질문한다.**

『결과에 대한 안내는 어떤 방법으로 하게 되나요?』라고 말한다.


# 21. 나쁜 언어습관

사람들은 누구나 언어 습관이 있다. 말을 시작하기 전이나 대화 중간에『음~』하면서 말을 길게 빼는 습관을 지닌 사람이 있는가 하면, 어떤 사람은 말을 하면서 먼저 웃음을 웃는 습관을 가진 경우도 있다.

다른 사람과 대화를 할 경우, 특히 인터뷰할 때 사용하지 말아야 할 나쁜 습관 가운데『솔직히 말하면…』이라는 표현도 있다.『솔직히 말하면…』등과 같은 표현은 습관적으로 사용되는 경우도 있고, 어떤 부분을 강조하기 위해 사용하는 경우도 있다. 그러나 면접관과 한참 대화를 진행하다가『솔직히 말하면…』혹은『사실은…』같은 표현을 쓰면 그 표현 바로 다음에 나오는 말에 대한 강조가 되는 것이 아니라 본인이 그동안 해온 표현 전반에 걸쳐 오히려 불신감을 주게 된다.

이같은 언어 표현은 일상생활에서도 적용된다.『솔직히 다 말 씀드리겠습니다.』라는 내용은 솔직하지도 않았고, 일부는 해야 할 말인데도 불구하고 의도적으로 숨겼다는 뜻을 내포하고 있다.

이런 표현은 마치 조사를 받는 피의자가 본인의 허물을 조사관에게 숨기다가 하는 수 없이 털어놓는 것 같은 느낌을 주기 때문에 좋지 않은 것이다. 『사실 드리지 않은 말씀이 있는데…』라는 표현과 유사한 불신감을 주는 표현이다. 일부러 상대에게 해야 할 말을 숨긴다는 것은 상대를 경계한다는 것이며, 말을 고의적으로 가려서 한다는 것은 앞으로도 상대방에게 숨길 것은 숨기고 말할 것은 말한다는 의구심을 심어 준다.

이와 같은 불필요한 삽입구가 들어가면 면접관은 후보자에 대해 나쁜 인상을 느끼게 되고, 그 말로 인한 간섭 효과 때문에 그 후보자가 하는 말을 전반적으로 불신하게 된다. 면접자와 후보자간에 신뢰가 쌓이지 않으면 그 면접은 깊이가 없어지고 서로 겉돌게 된다.

귀하게 얻은 면접 기회를 불필요한 습관으로 망칠 이유가 없는 것이다. 이와 같은 언어 습관은 꼭 면접 자리에서만 해당하는 것은 아니다. 남녀 간의 맞선 자리나 소개팅 자리, 혹은 부모, 친구 등 주변 사람과의 일상 대화에서도 적용되는 규칙이다.

## 22. 좋은 언어습관

그렇다면 좋은 언어습관은 어떤 것일까? 예를 들면 자신의 분명한 소신과 인생관을 보여 주는 삽입구가 있을 것이다. 『나는 이런 점을 평소에 강조하면서 살아오고 있습니다.』라든가 『내가 본받고 싶은 점은…』 또는 『내가 시간을 많이 투자해서 노력하는 분야는 이런 점입니다.』 『나는 의식적으로 이런 사람이 되려고 노력하고 있습니다.』 등이다.

이런 표현은 말하는 사람이 주관과 소신, 그리고 어떤 사안에 대해 자기 나름대로의 관점과 생각을 가지고 살고 있다는 좋은 인상을 주며, 다음에 나오는 말에 대해 힘이 실리게 하는 효과가 있다. 본인이 강조하고 싶은 말의 앞부분에 이런 표현을 삽입하면 강조하고자 하는 말이 상대에게 분명히 전달하는 효과가 있다.

이는 단순히 전달 효과만 있는 것이 아니라 어떤 사안을 접함에 있어서 우선순위를 정하고, 그 우선순위에 따라 분명한 사고와 판단을 가지고 살아가게 한다. 마치 주어진 인생을 돌멩이 하나씩 차근차근 쌓아가는 태도로 살아가는 것이며, 이런 표현을 하는 사람은 늦더라도 미래에는 언젠가 달라지고 성공하는 모습을 보여 줄 것이 틀림없다.

『학창 시절에 내가 중점적으로 하고자 했던 점은…』이라든가 『나의 전공과 관련하여 내가 집중적으로 연구하고자 했던 분야는…』 등과 같은 표현도 같은 원리이다. 같은 맥락으로『내가 닮고자 했던 사람은…』혹은『내가 선택하고자 하는 삶은…』같은 표현도 상대에게 말에 힘을 실어 주고 분명한 논리를 제공하는 효과가 있다.

## 23. 면접에서 자주 나오는 질문과 답변 사례

취업을 위한 면접에서는 다음과 같은 질문이 많이 등장한다. 이미 언급한 바와 같이 이와 같은 질문에 정답이 있는 것은 아니다. 이런 질문을 던지는 이유는 면접관이 ㄱ 주제에 대해 맞는 답을 든고자 하는 목적이 아니라 후보자가 얼마나 성숙되고 진취적인 사고를 지니고 있는지를 점검하며, 아울러 주어진 상황을 어떻게 순발력 있게 대처하는지를 보기 위함이다.

취업 인터뷰의 주요한 질문과 답변의 샘플을 정리해 본다.

**[ 본인의 직업관은? ]**

『직업이란 고객을 포함한 다른 사람에게 필요하고도 가치 있는 것을 제공하고, 그 반대급부를 받아 가족의 생계뿐만 아니라 당사자인 개인도 사회생활을 영위하도록 하는 가장 중요한 수단입니다.』

『여기서 중요한 포인트는 가치 있는 것을 제공한다는 것인데, 즉, 사람이 살아가는데 필요한 가치 있는 것을 고안하고, 생산하고, 유통하는 것을 포함하는 것입니다. 따라서 저는 직업이란 인간의 욕구와 인간의 가치에 대해 끊임없는 연구를 함으로써 인류의 삶의 질을 향상시키는 것이어야 한다고 생각합니다.』

『직업은 개인의 삶과 동떨어진 별개의 것이 아니라, 직업을 통해 개인의 삶을 구체화하고, 인격을 형성하며, 그럼으로써 인간을 완성하는 것이라고 봅니다. 돈 벌다 은퇴하여 여행하고, 여가를 즐기다 세상을 떠나는 것이 아니라, 삶과 직업은 언제나 함께 하는 것이며, 따라서 항상 평생 직업을 위한 기반을 다지는 일이 오늘 할 일이라고 생각합니다.』

**[ 우리 회사를 지원하게 된 동기 ]**

『지원서를 제출하기 전에 인터넷을 통해 ○○회사를 검색해 보았습니다. 회사와 관련된 언론의 보도를 살펴보고, 회사가 취급하는 제품과 회사의 서비스 모델도 찾아보았습니다. 특히 저는 CEO의 인사말과 회사소개 부분을 유념해 보았는데 참으로 따뜻한 회사라는 인상을 받았습니다.』

『회사의 비즈니스 모델 역시 이 사회의 건전한 발전을 위해 꼭 필요한 분야라고 생각했습니다. 회사에 들어가서 열심히 일하기 위해서는 회사가 제공하는 제품이나 서비스가 정말로 사회에 건전하게 도움이 되는 것이어야 하고, 매일의 생활이 보람 있고 기쁜 것이면 좋겠다고 저는 생각합니다.』

『예를 들면, 마약 등과 같은 반사회적인 제품을 판매하는 회사에 근무한다면 그것은 단순히 생계를 위한 돈벌이일 뿐이지 그 일에 종사하는 내내 생계유지를 위해 양심의 가책을 느껴야 하는 정신적 혼란을 겪을 것입니다.』

『제가 열심히 일하면 제 개인의 가정뿐 아니라 회사도 성장하고, 나아가 국가도 건전하게 발전할 것으로 생각되는 그런 분야에서 일하고 싶습니다. 제가 이 회사에서 일하고 싶은 이유는 바로 이 회사의 제품과 서비스, 그리고 전망 있는 비즈니스 모델입니다.』

## [ 본인만의 특기가 있는가? ]

『모든 개인은 어렸을 때 특별히 잘했던 것이 있었다면 그것이 그의 선천적인 특기가 아닌가 생각한 적이 있습니다. 어렸을 때는 그 분야에 대한 특별한 관심이나 계기도 없었고, 또한 별도의 연습기간이나 특별 과외를 하지 않았는데도 불구하고 처음부터 어느 분야는 성과가 좋고, 어느 분야는 그렇지 못했다는 것입니다. 이처럼 유년시절의 특징적인 현상을 기준으로 본인의 특기와 자질을 파악하면 어떨까 생각하고 있습니다.』


『저의 경우에는 초등학교에 다닐 때 배운 여러 과목 가운데 유난히 눈에 띄는 것이 국어 과목이었습니다. 국어 과목이나 작문은 다른 아이보다도 더 잘해서 늘 학교에서 우수한 학생으로 손꼽혀 왔는데 비해, 농업이나 기술 같은 과목은 주변 친구들보다 늘 뒤떨어지는 점수를 받았습니다.』


『그 분야를 특별히 못 해야 할 원인도 없었는데 저의 성적은 일관되게 그렇게 나왔습니다.』


『잘하는 과목은 그 뒤로도 자연스럽게 관심을 갖게 되다 보니 지속적으로 잘하게 되었고, 그때 못했던 농업이나 기술은 그 뒤로도 흥미를 잃어 지금까지도 그렇게 지내고 있습니다.』

『그 뒤 중학교에 들어가서는 특히 영어나 제2 외국어도 잘하게 되었습니다만, 과학이나 이와 유사한 분야는 계속 흥미를 갖지 못했습니다. 아무래도 저는 제가 잘해왔고, 재미있어하는 글짓기, 말하기, 영어 등 어학에 의존하여 앞으로도 살아가야 경쟁력이 있지 않을까 생각하고 있습니다.』

### [ 원하지 않은 부서로 배치받았을 경우 ]

『조직은 저 혼자만으로 구성되는 것이 아니라는 생각을 해야 하겠습니다. 제가 원하는 부서와 제가 잘할 수 있는 일과는 다를 수도 있겠지요. 저도 저를 어느 정도 알겠지만, 저를 관찰하고 있는 저의 상사나 주변 사람들이 저를 더 잘 파악하고 있는 경우도 있을 것입니다.』

『가급적이면 평소에 제가 잘하는 것과 제가 원하는 것이 매치되도록 능력과 전문성도 쌓아두고, 이런 과정을 저의 상사나 주변 동료들과 커뮤니케이션을 해 두는 것이 필요할 것으로 생각합니다. 그렇게 함으로써 제가 잘하고 원하는 부서로 배치되는 것이 저를 위해서나 조직을 위해서나 바람직하다고 생각합니다.』

『그러나 어떤 이유에 의해 일시적으로 본인이 원하는 부서로 배치받지 못했다고 해서 저의 전문성을 알아주지 않는다고 다른 사람을 원망하는 것은 잘못이라고 생각합니다.』

『조직은 하루를 다니고 그만두는 것이 아니라, 장기적으로 오랫동안 여러 가지 경험을 쌓으면서 커가는 것이라고 생각합니다. 그런 관점에서 실력을 쌓고 때를 기다리는 것이 바람직하다고 생각합니다.』

## [ 상사로부터 부당한 지시를 받았을 경우 ]

『〈부당〉하다는 것이 어떤 것인지 정확히 파악할 필요가 있을 것 같습니다. 저 자신만의 기준으로 이것은 부당하다, 저것은 안 된다, 하고 미리 생각의 벽을 쳐 둔다는 것을 저는 경계하려고 합니다. 아직 짧은 연륜으로 인해 많은 경험을 해 봐야 할 저로서는 다양한 경험을 통해 인생을 배우고 싶습니다.』

『저는 상사로부터의 지시는 웬만하면 따르려고 합니다. 이런 저의 마음가짐은 조직에서 상사와의 관계뿐만 아니라 친구나 우리 가족 누구를 막론하고 같습니다.』

『제가 가급적이면 다른 사람의 말을 거절하지 않으려고 하는 것은 먼저 말을 꺼내거나 아이디어를 제시하는 분은 저보다 그 분야에 대해 더 빨리, 더 깊이 생각을 해 보셨을 것이라는 판단 때문입니다.』

『제가 상사, 친구나 부모님 혹은 다른 누구를 막론하고 그분의 요청을 거부한다면 제가 오히려 잘못된 판단을 할 가능성이 높고, 특히 조직의 상사가 여러 가지 정황을 고려하여 요청하는 것을 제가 부정적으로 받아들이면 조직 운영이 어려워지기 때문입니다.』

『그러나 객관적으로 보아 요청이 반사회적이라고 판단되는 것이라면, 그 지시를 한 상사를 찾아가서 그 배경이 있는지 구체적으로 여쭈어 보는 것이 도리일 것으로 생각합니다. 저는 개인의 모든 업무 능률은 개인이 좋아하고 그 일을 왜 하는지 이유를 알고 있을 때 더욱 높은 효율을 가질 것으로 생각합니다. 결국, 상사와의 관계에서도 커뮤니케이션이 중요한 것이라고 생각합니다.』

### [ 본인의 장단점? ]

『저는 기본적으로 단점이 많은 부족한 사람입니다. 길을 가다가 도움을 요청하는 사람을 만나도 그냥 무시하고 지나가는 경우가 더 많을 정도이며, 친구가 저를 미워하면 저도 아무 이유 없이 그 친구가 싫어지는 면모도 있습니다.』

『그러나 학교에 다닐 때는 성적도 좋았고, 반장이나 기타 리더의 역할도 맡아 나름대로 리더십을 기를 수 있는 기회는 있었습니다. 특히 매일 새로워지기 위한 혁신 노력은 저를 항상 깨어 있는 사람이 되도록 하는데 많은 도움이 되고 있습니다.』

『저는 대학교 1학년 때부터 본격적인 혁신 노력을 했다고 볼 수 있는데 그 결과 고등학교 시절에 비해 대학 시절부터 몇 년 사이에 많이 달라진 모습을 친구들이 발견한다고 합니다.』

『혁신 노력을 하니 학업 성적도 더욱 많이 향상되고 여러 가지 면에서 생각이나 행동을 다르게 할 수 있는 사람으로 변모해서 스스로 보람을 찾고 있습니다. 앞으로도 이와 같은 혁신 노력을 통해 더욱 나은 사람이 되도록 노력할 작정입니다. 혁신을 습관적으로 하니 저의 장점이 무엇인지 파악하여 그것을 더욱 계발하는 노력을 하게 되고, 부족한 점을 보완하려는 노력도 잊지 않고 하게 된다는 점이 좋습니다.』

『저의 장점은 이런 노력을 과거와 현재, 그리고 앞으로도 계속하려고 한다는 점입니다.』

## [ 입사 후 포부 ]

『단기적으로는 저로 인해 저의 상사가 업무 부담을 덜고, 만족할 만한 팀 성과를 얻으며, 저의 동료들과 시너지 효과를 얻고 싶습니다. 저의 능력과 동료의 능력이 서로 합쳐져서 1+1은 2가 아니라 3도 되고 4도 되는 상승효과를 서로 가져 왔으면 좋겠습니다.』

『조직의 구성원으로서 조직을 올바로 파악하고 익혀서 제가 팀에 필요한 사람으로 자리를 잡는 것이 일차적인 목표입니다. 그리고 시간이 흘러 저에게도 리더십을 발휘할 기회가 주어진다면 저는 작은 조직에서라도 평소에 꿈꾸어 왔던 섬기는 리더십, 진실로 봉사하는 리더십의 전형이 되고 싶습니다.』

『더욱 장기적으로 저에게 좀 더 큰 일을 할 수 있는 기회가 주어진다면 국가 경제뿐만 아니라 사회 문화 전반에 걸쳐 중요한 구성원으로서 공헌하는 기업의 리더, 사람들의 삶에 건전하게 이바지하는 리더, 우리 회사를 둘러싸고 있는 모든 생태환경과 동반 성장하는 공정한 리더가 되고 싶습니다.』

『그렇게 함으로써 조직 구성원 모두가 자부심을 가지고 열심히 일할 수 있는 분위기를 조성하는 리더가 되고 싶습니다. 기업이 속한 사회와 국가의 중요한 자산으로서 그 역할과 책임을 다하는 역동적인 조직으로 성장해가도록 하는데 저의 꿈을 실천해 보고 싶습니다.』

## [ 본인은 어떤 사람이라고 생각하는가? ]

『세상에서 가장 파악하기 힘든 것이 바로 자기 자신이라고 생각합니다. 대부분의 사람들이 여러 가지 상반된 성향을 동시에 가지고 있으면서도 한쪽 면만을 보고 그것이 자신의 모습이라고 생각한다는 것입니다. 저도 그 부류를 벗어나지 못합니다. 그러나 무엇보다 저에 대해 말씀 드리고 싶은 점은 매일 새로워지자는 개인 혁신을 실천하려고 노력하고 있다는 점입니다.』


『저는 고등학교를 졸업하고 대학에 입학하면서부터 저 자신을 고치고 개선하기 위해 다양한 노력을 기울여 왔습니다. 혁신과 관련된 책을 통해 저 자신을 점검해 보고, 그것에 따라 작은 것부터 실천하여 하나씩 성공적으로 보완해 오고 있습니다. 수업시간에 늘 늦게 나와 맨 뒷자리에 앉아서 수업에 임하던 습관을 고쳐 맨 앞자리에 앉아 적극적으로 질문도 하고 필기도 열심히 하려고 노력하였습니다.』


『걸음을 걷거나 말을 할 때도 보다 분명하고 적극적으로 하는 등 저의 삶의 태도를 전반적으로 검토하고 부족한 부분을 보완하기 위해 여러 가지를 시도해 보았습니다. 그런 일련의 노력이 그동안 저를 변모시키는데 상당한 효과를 거두고 있습니다.』

『그렇게 하니 업무성과도 향상되고, 살아가는 의미도 새로워지고 있다는 것을 실천적으로 느끼고 있습니다. 저는 이런 자기 혁신 노력을 앞으로도 계속해 나갈 생각입니다.』

### [ 존경하는 인물은 누구인가? ]

면접에서 이와 같은 개인의 소소한 의견을 묻는 질문은 그 답변의 내용이 어떤지 궁금한 것이 아니라 후보자가 얼마나 상황에 잘 대처하고, 사물을 어떻게 이해하고 있으며, 얼마나 원숙한 사고와 커뮤니케이션을 하는가를 파악하기 위함이다.

평소 후보자가 어떤 주제에 대해 나름대로 관점과 철학을 가지고 살아가고 있는지를 파악하고자 한이 이런 질문의 목적이다. 따라서 그와 같은 질문에 올바른 답변을 해야지 하는 강박관념보다는 세련되고 성숙한 자세와 그에 걸맞은 어른스러운 태도를 보여 주는 것이 더욱 중요하다. 예를 들면, 존경하는 인물이 누구인지 질문을 받았다고 하자.

세종대왕이 한글을 창제하고 측우기를 발명하고 왜적을 물리치고 하는 등 성군으로서 정치를 잘했으므로 세종대왕을 존경한다면 어딘가 유치한 느낌을 준다. 따라서 이런 답변은 50점도 안 되는 평범한 답변이 되는 것이다.

정답이 없는 질문이므로 대답하는 자세와 답변 목소리, 자연스러운 표정, 당당하고 소신 있는 자세 등이 더욱 중요하다.

『저는 용기와 생각이 부족하여 감히 실천에 옮기지 못했던 일을 우리 생활에서 실천에 옮겼던 평범한 사람들을 존경합니다. 길을 가다가 우연히 마주친 강도를 잡은 시민이나 김밥 장사를 해서 평생 모은 돈을 어려운 이웃을 위해 기부하고 세상을 떠나는 분들을 존경합니다. 저는 이런 분들이 더욱 오래, 더욱 넓게 기억되는 시스템을 갖춤으로써 사회의 대다수를 차지하는 우리 모두에게 영향을 주어, 생활 속에서 유사한 분들이 더 많이 배출되고 우리 사회가 더 건강한 사회가 되었으면 좋겠다고 생각합니다.』

**다음은 좋아하는 인물에 대해 질문을 받았을 경우 주의할 점이다.**

● 가급적 정치적 인물이나 종교적 색채가 강해서 그것으로 유

명해진 인물은 배제하는 것이 좋다.

그가 좋아하는 이유가 바로 다른 사람이 싫어하는 이유가 되어 불필요한 논란의 여지가 있기 때문이다. 예를 들면, 이명박, 노무현, 전두환, 박정희 등 정치적 인물이나 문선명, 조용기 목사 등과 같은 종교적 인물은 거명하지 않는 것이 좋다. 그러나 테레사, 간디 등과 같이 이미 특정 종교를 초월하여 종교 이외의 이유로 유명해진 인물은 무난하다.

- 존경하는 인물만을 말하지 말고, 존경하는 이유를 분명히 말해야 한다.
- 나폴레옹, 마르크스 등과 같은 외국의 독재자 등을 존경하는 인물로 거명하면 추가적인 반대에 부딪히게 되므로 피하는 것이 좋다.
  면접관과 논쟁을 하게 될 수 있으므로 불필요하게 개인적인 철학이나 정치적 소신 등을 노출시키는 것은 좋지 않다.
- 면접관이 예상하지 못했던 인물로 존경하는 인물을 설정하고, 그 인물을 왜 좋아하는지 개성 있게 설명하는 것이 좋다.
- 존경하는 인물이 반드시 유명한 사람이어야 하는 것은 아니며, 반드시 실재 인물이어야 하는 것도 아니다.

◉ 본인의 아버지나 어머니 혹은 주변 친척을 거론하는 것은 이미 진부한 방식이다.

**[ 퇴근시간이 지났는데 상사가 아직 퇴근하지 않고 있다면? ]**

『조직에서 아랫사람은 윗사람이 무엇 때문에 바쁘고, 어떤 부분에 고충이 있는지 늘 파악하고 있는 것이 중요하다고 생각합니다. 혹시 본인의 일로 인해 퇴근하지 못하고 계신다면 그것은 아랫사람으로서 상사에게 큰 짐을 지게 하는 경우이겠지요.』

『저는 퇴근을 해야 하는데 상사분께서 퇴근을 못 하고 계신다면 상사의 방으로 찾아가서 혹시나 제가 도와드릴 일이 있는지 여쭈어 보겠습니다. 도울 일이 있다면 도와 드리도록 하겠습니다. 그리고 함께 퇴근할 수 있으면 바쁜 상사를 위해 제가 술 한 잔 권해 드려야죠.』

**[ 사장님과 직속상사 지시가 상반될 때는 어떻게 하겠는가? ]**

『사장님은 회사경영을 위한 전체적인 관점에서 의견을 제기할 것이고, 반면 직속 상사님은 좀 더 현장 중심으로 부서 차원에서 의견을 가지고 있을 것으로 생각합니다.』

『판단의 최종 기준은 〈고객〉에게 있다고 저는 생각합니다. 고객의 최 일선에서 고객의 직접적인 욕구를 파악해서 전달해야 할 일차적인 책임은 일선 실무자인 저에게 있다는 점을 고려하면, 사장님과 직속 상사 간에 발생하는 의견 차이는 근원적으로 일선 실무자인 저에게 있다고 보는 것이 옳을 것입니다.』

『사장님과 직속상사의 견해차를 좁히기 위해서는 제가 평소에 고객의 욕구를 잘 수렴하여 직속 상사에게 제때에 전달해 드려야 한다고 생각합니다. 저의 미숙한 일 처리로 이런 상황이 발생했다면, 저는 우선 가까운 직속 상사분을 뵙고, 직속 상사가 그런 지시를 내린 배경을 듣는 것이 순서라고 생각합니다.』

『그리고 상사님의 기분이 상하지 않도록 혹시나 직속상사님께서 파악하지 못하는 고객의 요구사항이 있는지 보고, 직속 상사가 모든 정황을 파악하고 있을 경우에는 사장님과의 인터페이스는 직속 상사님의 역할이므로 저는 직속 상사님이 사장님과 이견을 조율할 수 있도록 도와 드리는 것이 도리라고 생각합니다.』

**[ 노조문제에 대한 개인적인 생각은? ]**

『노사 문제에 대해서는 깊이 연구하거나 생각해 보지 못했습니다. 미흡한 이해를 바탕으로 말씀드리면 노사문제는 노사 간의 상호

입장과 요구에 대한 충분한 커뮤니케이션을 통해 해결하는 것이 바람
직하다고 생각합니다.』

　『노사 모두는 궁극적으로 회사의 발전을 통한 개인의 성장에 목
표를 두고 있다고 생각합니다. 』

　『언론을 통해 외부에서 피상적으로 보면, 많은 경우 노와 사가
서로 원하는 것을 얻기 위해 커뮤니케이션을 하는 과정에서 너무 과
격한 언어를 사용하여 오히려 갈등이 커지는 것이 아닌가 생각할 때
가 많습니다.』

　『협상의 내용이나 과정은 그때마다 다르겠지만, 커뮤니케이션을
할 때 소통 친화적인 표현을 하면 상호 감정이 해소되어 이슈를 해결
하는데 도움이 되지 않을까 생각합니다.』

　『〈노조의 와해를 획책한다〉는 표현이나 〈회사를 파괴하려는 공
작〉이라는 등은 대표적인 소통 비친화적인 표현이라고 생각합니다.
상호 불신에 입각한 이런 극단적인 표현이 사안을 해결하는데 어려움
을 가중시키고 있다고 봅니다.』

## [ 본인 성과는 다른 동료들보다 좋은데 같은 연봉을 받고 있다면? ]

『개인의 능력과 성과를 판단하는 기준은 여러 가지 잣대가 있을 것으로 생각합니다. 특정기간 동안 성과가 좋다고 해서 반드시 능력이 있다고 단정할 수도 없고, 개인의 성과 또한 본인 혼자서 노력하여 이루어지는 것은 아니라고 생각합니다. 팀 내에서는 동료 눈에 보이지 않은 도움과 지원이 없이는 불가능하다고 생각합니다.』

『저는 연봉에 대해서는 나름대로 생각해 두고 있는데, 일시적이고 단기적인 연봉 액수보다는 생애소득이 훨씬 더 중요하다고 생각합니다. 저보다 앞서 살아가신 분들이나 이미 퇴직을 하신 분들을 보면서 그런 생각을 하게 되었습니다.』

『제가 성과가 좋다고 생각하는 것도 일시적이고 단기적인 것이라고 생각하며, 그 평가 또한 제 개인의 판단일 수 있습니다. 다른 동료들은 그렇게 생각하지 않을 수 있겠지요.』

『조직에서 저만 좋은 대우를 받고 높은 연봉을 받을 생각은 가지고 있지 않으며, 그런 욕심을 개인적으로 낼수록 조직에서의 생명이 짧아진다고 생각합니다.』

『그리고 성과에 대한 보상은 연봉 말고도 다른 방법으로 충분히 가능하다고 생각합니다. 예를 들면, 포상, 휴가, 출장, 칭찬 등 여러 가지 혜택을 가지고 팀 동료들이 불만이 없도록 기회를 가질 수 있을 것이라고 생각합니다.』

## [ 바람직한 조직인 상 ]

『회사는 야구경기처럼 개인의 타율에 의해 승패가 결정되는 것이라기보다는 조직의 팀워크를 통해 시너지를 얻음으로써 경쟁력을 갖는 축구 경기와 유사하다고 생각합니다.』

『물론 축구에서도 골을 넣는 선수가 필요하고, 개인기가 돋보이는 스타플레이어가 있어야 관중도 많이 모이지만, 한 사람 한 사람의 고급인력이 어느 하나도 낭비됨이 없이 모두가 제 능력을 발휘할 수 있어야 한다고 생각합니다.』

『서로가 돕고 희생하는 문화가 조직 내에 지배하면서 그들 간에 적절한 경쟁 분위기가 조성되어야 조직이 적절한 긴장과 건전한 화합을 할 수 있다고 생각합니다.』

『올바른 조직인은 먼저 주인의식과 기업가 정신으로 무장하여

나 개인보다는 조직의 발전을 먼저 생각하고, 그러면서도 각자가 최고경영자라는 마인드로 회사의 목표와 전략을 자기 것으로 체득하고 있는 사람이어야 한다고 봅니다.』

『조직의 각 개인은 본인이 속한 팀이나 높낮이에 상관없이 CEO의 생각과 철학을 이해하고, 그에 맞게 각자의 업무를 수행할 때 회사는 막강한 경쟁력을 갖게 될 것입니다. 이는 마치 군대에서 모든 병사가 졸병이라는 의식보다는 모두가 소대장이라는 주인의식과 책임의식을 가질 때 그 부대가 강한 부대가 되는 것과 같습니다.』

『이는 최근 각 사업 단위로 본부장을 두어 각 단위별로 소 사장제도를 두는 것과 같은 맥락이며, 기업가 정신에서부터 애사심과 충성심이 출발한다고 생각합니다.』

### [ 우리 회사에 대한 평소의 이미지는? ]

『회사의 이미지는 그 회사가 제공하는 제품과 서비스 그리고 그 회사의 직원과 직접 접촉을 통해 갖게 되는 것입니다. 이미지는 우연한 기회에 생기기도 하지만, 대개는 어느 정도 장기간에 걸쳐 축적되기도 하는 것입니다.』

『가끔 이 회사 앞을 지나다니면서 막연한 이미지를 가지고 있었는데, 몇 달 전 이 회사의 제품을 우연히 사용해 보면서 그동안 막연했던 이미지가 친근한 이미지로 바뀌었습니다.』

『회사에 입사하기 위해 여러 절차를 거치면서 친절하고 체계적인 서비스 체계에 대해서도 좋은 인상을 받았습니다.』

『이 회사가 최근에 하던 광고 역시 좋은 메시지를 담고 있다고 생각합니다. 이번에 제가 이 회사에 지원하게 된 동기도 그런 좋은 이미지가 계기가 되었고요. 오늘 면담을 하러 오니 더 좋은 이미지가 생기고, 좋은 분들을 뵙고 나서 더욱 이미지가 좋아졌습니다.』

**[ 우리 회사가 장차 어떤 방향으로 변해야 한다고 생각하는가? ]**

『저는 이 회사에 지원하기 전에 인터넷을 통해 이 회사에 관해 어느 정도 스터디를 해 보고 이 자리에 왔습니다.』

『그러나 제가 약 1주일가량의 기간 동안 알아본 것은 제가 이 회사에 입사하면 좋을지 어떨지를 파악하기 위한 초보적인 수준이라고 생각합니다.』

『이 회사에서 직접 오랫동안 몸담고 여러 가지 사례를 경험하셨던 선배님들에 비하면 아직 이해도가 매우 낮을 것으로 생각합니다. 어느 조직을 가나 이론과 현실이 있을 것이고, 좋은 점과 그렇지 못한 점이 분명히 있을 것으로 생각합니다.』

『입사를 하면 저의 업무뿐만 아니라 특히 소비자의 욕구를 자세히 파악하고, 고객의 선호도 분석, 회사의 자산과 특징, 경쟁사의 동향과 시장의 추세 등을 연구해서 회사의 역량과 에너지를 어느 방향으로 더 쏟으면 좋을지 공부해 보겠습니다. 아직은 너무 초보적인 단계라서 그 질문에 답하기에는 시기상조라고 생각합니다.』

### [ 기타 (마지막으로) 질문이 있는가? ]

『제한된 1시간가량의 면담 시간에 저를 충분히 파악하도록 말씀드리는 것이 저에게도 쉽지 않고, 면접관님에게도 어려운 과제라고 생각합니다.』

『저도 제가 생각하는 것을 가능하면 모두 말씀드리려고 노력했습니다만 충분히 전달되지는 못했을 것이라고 평가합니다. 앞으로도 좀 더 저를 파악할 수 있는 기회가 좀 더 있으면 좋겠습니다.』

『면접관님을 뵈니 인상도 좋으시고, 건전하고 예리한 질문을 많이 하셔서 좋은 인상을 많이 받았습니다. 인터넷을 통해서도 막연히 좋은 회사라 생각했습니다만, 직접 많은 분을 뵈니 더욱 호감이 가는 회사입니다. 저에 대해서도 좋은 인상을 느끼셨기를 바랍니다.』

## 24. 프레젠테이션 면접

요즘 면접에서는 회사에서 과제를 제공하고, 팀 혹은 개인이 그 과제를 분석, 해결하여 결과를 프레젠테이션하는 형식으로 이루어지는 경우가 많다. 어차피 회사에 입사하면 모든 종류의 자기표현이 프레젠테이션으로 이루어지는 경우가 많으니 그 스킬이 필요하고, 이를 사전에 점검하려는 것이다.

물론 회사에서 하는 프레젠테이션은 어느 정도 준비기간이 주어지나 면접에서의 프레젠테이션은 준비기간이 충분하지 못해 내용상 충실을 기하는데 한계가 있다. 또한, 팀을 이루어 하는 경우에는 그 내용이나 형식에 있어서 팀원 상호 간의 이견을 조율하는 것이 어려울 수 있다.

프레젠테이션 면접은 다양한 형식으로 과제가 주어지며, 일반적으로 이렇다 할 정형화된 형식이 있는 것이 아니다. 그때마다 주어진 과제를 제시된 형식에 따라 해결하면 되는 것이다. 회사에서 프레젠테이션을 통해 파악하고자 하는 것은 주어진 시간 내 문제에 대한 접근방법 및 능력, 팀워크, 표현방식, 후보자의 자세, 자신감, 발표물의 품질 및 내용 등이라 할 수 있다.

일반적으로 프레젠테이션 면접에서 특별한 형식이나 방식이 주어졌을 경우에는 그 형식에 따르면 되나, 그렇지 않을 경우에는 다음과 같은 순서와 방식으로 문제에 접근하는 것이 바람직하다.

**[ 문제 해결을 위한 프레젠테이션 ]**

1. 발표할 도면의 맨 앞장에 발표 주제, 발표자, 발표자의 소속을 간략하게 표기한다.
2. 문제의 본질 및 문제를 둘러싸고 있는 배경 설명
3. 본인이 파악하는 출제자의 의도와 그 문제가 어떤 이슈인지를 이해한 내용을 소개한다.
   그 문제가 왜 이슈가 되는지, 혹은 현시점에서 그 주제가 어떤 의미가 있는지를 정리한다.
4. 목표설정

발표자가 프레젠테이션을 통해 얻고자 목표를 설정한다. 목표는 모호하게 설정하지 말고, 가급적이면 구체적이고 분명하게 나타낸다. 목표를 수치화할 수 있다면 더욱 좋으며, 수치화할 수 없다 하더라도 가급적 측정할 수 있도록 하는 것이 좋다. 또한, 목표를 평가하는 기준도 아울러 미리 밝혀 두는 것이 좋다. 예를 들면, 매출을 몇 퍼센트 향상시킨다든지, 혹은 나의 몸무게를 몇 킬로그램을 줄인다든지 하는 것이다.

5. 전략

설정된 목표를 달성하기 위한 구체적인 전략을 마련한다. 전략 역시 합리적이고 타당한 것이어야 한다. 전략은 목표달성과 관련된 것이어야 한다. 복수의 전략도 가능하다.

6. 실현방법

전략의 구체화이다. 어떤 수단을 통하여 목표를 달성할 것인지 구체적인 프로그램을 소개한다. 체중감량을 위해 달리기와 식사조절을 한다는 등을 말한다.

7. 일정계획

실천 프로그램을 구체적인 날자 별로 정리하여 언제까지 어떻게 완성할 것인지 그려본다. 캘린더를 활용하여 표로 만들면 보기에 좋을 것이다.

8. 제약조건

목표를 달성하는 과정에서 예상되는 장애물 혹은 어려움을
소개한다. 이 장애요소를 극복하는 방안을 동시에 소개하면
더욱 좋다. 자력으로 극복할 수 있는 장애 요소와 다른 사람
의 도움을 받아 해결하는 방법 등 구체적일수록 좋다.


## [ 연구조사를 위한 프레젠테이션 ]

1. 발표주제, 발표자, 발표자의 소속기관

2. 발표할 주제 요약

3. 배경설명

   ◉ 조사에 임하는 동기

   ◉ 문제의 기술

   ◉ 연관된 작업 및 조사방법

4. 결과/결론

5. 결론 요약

6. 앞으로의 발전 방향

7. 백업 자료


## [ 프레젠테이션할 때 고려사항 ]

1. 면접관과의 거리를 고려하여 글자의 크기를 조정하되, 글자는
   가급적 크게 하여 식별하기 좋도록 한다.

2. 너무 긴 문장을 쓰지 말고 간단명료한 단어로 표기한다.

3. 한 장의 슬라이드에 너무 많은 그림이나 글씨를 삽입하지 않는다.

4. 그래픽과 일러스트를 적절히 활용한다.

5. 다채로운 색상이나 플래시 기능은 지나치게 많이 사용하지 않는다.

6. 슬라이드에 적힌 문장을 단순히 읽는 것은 피하기 위해서 사전에 많은 연습을 하도록 한다.

7. 발표 시 뻣뻣한 자세로 서 있지 말고 자연스럽게 이동을 하나, 너무 왔다 갔다 하지 않는다. 면접관에게 가급적 등을 보이지 않는다.

8. 레이저 포인터를 사용할 때에는 너무 이리저리 흔들지 말고 주요부분을 지시하고 바로 끄도록 한다.

9. 적절한 몸동작을 하고, 면접관을 보면서 말한다.

10. 백업 슬라이드를 준비했다가 적절히 사용한다.

# 2

입사지원서에 기와 혼을 불어 넣어라

# 25. 접촉 효과에 대하여

은행 창구에는 하루에도 수많은 손님이 찾아온다. 창구 직원은 그를 방문하는 고객에게 거스름돈을 지불해야 할 기회가 하루에도 수없이 많다. 직원은 손님이 내미는 손에 거스름돈을 얹어 주면서 어떤 손님과는 손끝이 닿고, 어떤 손님과는 손끝이 닿지 않는다. 이 경우 손끝을 닿은 손님이 그렇지 않은 손님에 비해 그 은행을 재방문할 확률이 두 배 이상 많다는 연구결과가 있다.

이 연구에 따라 은행에서는 고객의 재방문율을 높이기 위해 고의적으로 고객과 손끝을 닿도록 한다. 우연에 의한, 마치 실수인 것처럼 가장한 이런 시도로 그 은행은 고객을 두 배 이상 증가시킬 수 있는 것이다.

또 다른 예를 들어 보자. 치과나 내과 병원에서 의사가 진찰하면서 환자의 어깨나 손과 같은 부위를 가끔 어루만지면 환자에게 믿음과 신뢰감을 준다.

〈아, 이 의사는 나를 친구나 가족처럼 대하고 있으며 진정으로 나를 치료하려고 하는구나!〉 환자는 의사에게서 따뜻한 마음과 신뢰를 가지게 되고, 의사의 진료에 대한 믿음은 더욱 깊어져서 그 병원에 다시 방문하고 싶어진다. 사람 사이에 신체적 접촉의 중요성을 강조되는 대목이다.

취업하는 데는 두 가지의 중요 관문이 기다리고 있다. 서류전형과 면접이다. 그러나 앞에서 본 바와 같은 접촉 효과의 관점에서 본다면 서류 전형과 면접 가운데 어느 것이 더 중요할까? 서류 전형이다.

손끝만 스쳐도 인간의 감성을 자극하여 재방문을 하는데 하물며 직접 만나서 대화를 나누는 사이이니 정감이 가지 않을 수 없다. 면접관을 직접 만나면 본인이 원하는 장면을 연출할 다양한 기회가 주어진다.

아무 정감도 없는 서류로 사람을 평가하는 것과 직접 만나서 감정을 교류하며 평가하는 것과는 효과가 아주 다르다.

이력서에 붙은 정적인 사진은 움직이고 미소 짓는 실물과는 전혀 다른 이미지를 준다. 이력서에 나타난 개인의 경력 또한 실제로 만나서 말로 듣는 것과는 효과가 판이하다. 서류를 성의 있게 준비하는 것은 이처럼 면담을 할 기회를 갖는 기초가 된다는 점에서 중요한 것이다.

서류 작성의 중요성이 이렇게 강조되는데도 불구하고 막상 취업 준비현장을 들여다보면 무성의하게 준비된 서류들이 허다하다. 이력서가 자신의 강점을 적절히 호소력 있게 꾸며지지 못하는 경우, 자신의 경력을 일목요연하게 나타내지 못한 경우, 이력서의 형식이나 글자체 등이 매력적이지 못하고 어설프게 보이는 경우, 용어가 적절히 사용되지 못한 경우, 그리고 오·탈자 등도 수두룩하다.

일생을 좌우할 중요한 서류를 어설프고 무성의하게 다루는 사람이 어찌 회사에 입사하여 모든 업무를 성의 있게 할 수 있다고 장담할 수 있겠는가? 서류전형에서 통과하지 않으면 아무 일도 일어날 수가 없으며, 서류심사에 통과를 하는 것은 서류와 면접의 과정에서 절반을 통과하는 이상의 의미를 갖는 것이다.

# 26. 기와 혼이 담긴 지원서

취업을 위해서는 본인의 삶의 내력을 작성, 취업하고자 하는 회사에 제출하여 평가를 받아야 한다. 서류전형은 면접관을 직접 만나지 않고 본인에 관한 문장을 통해 평가를 받는 것이다. 똑같은 사람의 삶을 기술하는데도 표현하는 관점과 방법에 따라 그 맛과 느낌이 아주 다르기 때문에 지원서는 정성을 다해 준비해야 한다.

인간의 복합적이고 입체적인 삶이 하나의 평면 공간에 길지 않는 문장으로 표현되기 때문에 자기소개서와 이력서를 작성하는 작업은 그리 간단하지 않다. 또한, 평가자의 가치 기준에 따라서 같은 문장이 달리 평가될 수 있기 때문에 자기소개서와 이력서는 아주 공을 들여 작성하여야 한다.

같은 삶이라도 달리 표현하면 다른 평가를 받을 수 있다는 것이 자기소개의 매력이자 기회이다. 어디 자기소개뿐이랴. 같은 사건이라도 실력 있는 변호사를 만나면 재판에서 이긴다. 같은 법률 환경에서 같은 사안을 두고도 해석을 어떻게 하느냐에 따라 승리할 수도 있고, 패배할 수도 있다.

일과를 끝내고 후련한 퇴근길에 마시는 한 잔의 술은 쓴 소주도 달콤한 것이며, 실연이나 실패를 하고 마시는 술은 달콤한 와인이라도 쓴맛이 난다. 판단의 기준은 언제나 바뀔 수 있고 어제의 가치가 오늘도 항상 유효할 수는 없다.

인간의 삶이 완전하지 못하고, 정답이 하나로 딱 나와 있는 것이 아니기 때문이다. 경쟁에서 승리하고 나면 이긴 자가 정답이 된다.

이력서나 자기소개서도 마찬가지이다. 같은 스펙을 가지고도 해석하여 전달하는 방법에 따라 판이한 결과를 얻을 수 있다. 지나간 역사적 사실을 바꿀 수는 없지만, 해석은 얼마든지 달리할 수 있는 것이다.

어떻게 하면 내가 살아온 과거와 사는 현재의 모습, 그리고 앞으로 살아갈 비전을 차별화된 메시지로 승화시켜 심사위원에게 전달할 것인가?

무엇보다 중요한 관건은 이력서와 자기소개서에 기와 혼을 불어넣는 것이다. 같은 삶에 관한 이야기라도 어떻게 혼을 담아 표현하느냐에 따라 밋밋하기도 하고 지원자의 열정이 입체적으로 느껴지기도 한다. 어떻게 하면 혼이 담긴 자기소개서를 작성할 수 있을까?

# 27. 자기소개서를 쓰는 마음 자세

자기소개서는 오랜 세파를 이겨 낸 존엄한 한 개인의 만만치 않은 인생을 표현한 것이다. 단순한 삶의 이력을 시간 단위로 나열하는 것이 아니라, 한 인간의 총체적 모습을 압축하고 입체화하여 엄숙, 정연하게 표현하는 것이다.

인간의 지나간 행위가 모두 심오한 의미를 담고 있지는 않겠지만, 자세히 연결해보면 뜻밖에 현재 지원하는 포지션과 연관되는 의미 있는 경험이 있을 수 있다. 그런 경험 가운데는 성공한 사례도 있고 실패한 사례도 있을 수 있다.

자기소개서를 준비하는 취업 준비생들과 만나보면 쓸 말이 생각나지 않는다고 한다. 특히 특별한 스펙이 없이 밋밋하게 살아왔다고 여기는 사람일수록 그렇다.

경쟁 지향적인 사회에서 과거의 성공사례만 의미 있다고 생각하는 경향 때문일 것이다. 그러나 실패도 어떻게 해석하느냐에 따라 충분히 이야기의 소재가 되고, 다음의 성공을 위한 발판이 되기도 한다.

이력서나 자기소개서가 반드시 성공스토리로만 채워져야 하는 것은 아니다.

과거의 실패사례 가운데는 아직 숙성되지 못했던 가치관도 있을 수 있고, 실패를 정확하게 분석하는 치밀한 판단도 있을 것이며, 그 판단을 통해 앞으로는 같은 실패를 반복하지 않게 될 전략과 지혜도 있을 것이다. 그런 것들을 기반으로 앞으로 활용하게 될 강하고 분명한 각오도 있을 것이다.

자기소개서의 소재는 그 가운데 적절한 이야깃거리를 발굴해서 만들면 되는 것이다. 어떤 소재를 가지고 어떻게 자기소개서를 작성하느냐에 따라 본인의 실제 모습과 다른 이미지가 만들어진다. 그만큼 자기소개서를 쓸 때는 적절한 소재를 선택하고, 정열을 불태워 정교하고 압축된 형태로 작성해야 한다.

어떻게 하면 본인의 사상과 철학을 가장 적절히 전달할 수 있는지 고뇌하고 연구하여 최적의 단어로 구성된 문장으로 표현하여야 한다. 단 몇 시간 내에 무성의하게 작성된 자기소개서와 며칠을 고뇌하고 심사숙고하여 작성된 자기소개서는 그 적용된 형식이나 표현 등에 있어서 다른 느낌을 줄 수밖에 없다.

표현의 모든 과정에 정성과 기를 불어넣어야 한다. 그 글을 보는 상대에게 정성과 정기가 생생하게 전달될 수 있도록 해야 한다. 인간은 말을 할 때뿐 아니라 글을 쓸 때도 그 사람의 정신상태와 태도가 나타난다. 열정과 패기가 담긴 자기소개서는 읽는 이로 하여금 긴장과 흥분을 이끌어낸다. 읽는 사람에게는 다른 사람의 인생이지만, 흥미진진한 삶의 흔적이 묻어나서 처음부터 끝까지 관심을 끌게 된다.

시간을 두고 본인의 삶을 되돌아보고 본인만이 가지고 있는 장점과 차별화된 가치, 그리고 성공과 실패 스토리 등을 면밀하게 파악하여 자기소개서를 구성해야 한다. 혼이 담긴 자기소개서, 정기가 문장의 사이사이에 흐르는 자기소개서를 작성하는 연습을 평소에 해보자.

단어나 문장을 표현할 때는 작고 유약한 단어들을 고를 것이 아니라 담대하고 패기 있는 표현들을 골라서 써야 한다. 일단 작성한 자기소개서는 몇 번이고 검토하면서 더 적합한 표현은 없는지 연구하여 보완해 나가야 한다.

작성된 자기소개서는 주변의 전문가에게 확인을 받을 필요가 있다. 본인의 생각과 가치관, 과거 이력에 대한 긍정적 해석 등이 정확히 표현되어 있는지, 그리고 그 표현이 상대방의 입장에서 설득력이 있는지를 확인받아야 할 것이다. 대부분의 표현은 표현하는 사람과 상대방의 해석이 달라지기 때문이다.

강력하고 패기 있는 자기소개서를 작성하기 위해 다음과 같은 시도를 해 보자.

내 마음이 정리되지 않았던 시간에 작성한 자기소개서는 컴퓨터 백업 파일에 보관해 두자. 아니 아예 연대별 경력사항만 남기고 나머지는 없애버리는 것이 좋겠다. 어차피 다시 쓸 것이기 때문이다. 이력서를 쓰기 전에 내가 누구인지, 내가 어떻게 살아왔으며, 내가 원하는 것은 무엇인지 곰곰이 생각해보자. 마음을 집중하고 구체적으로 나의 실체를 파악해보자.

생각이 잘 나지 않는가? 작업을 멈추고 컴퓨터를 덮어라. 그리고 밖으로 나오라. 인근 서점의 시가 코너를 가보자. 요즘 어떤 책들이 새로 나오는지 확인하라. 어떤 책들이 독자들의 시선을 끄는지 확인하고 그 책들의 맥락과 경향을 파악하라. 특히 세상을 치열하게 살아서 승리한 인생 스토리나 평범한 삶에서 비범한 모습으로 인생역전을 이룩한 사람들에 관한 책들을 펼쳐 보라.

인생역전을 이룬 사람들의 책에는 어딘가 강한 기운이 느껴질 것이다. 그 책의 내용과 문맥에서 번뜩이는 아이디어와 칼날 같은 정신들을 발견할 수 있을 것이다. 그 정신들을 표현하기 위해 동원된 용어들도 있을 것이다. 그 기운과 표현들을 머리와 가슴에 담아라. 당신의 뇌가 번뜩이고 심장이 뛸 것이다.

책에서 그런 기운이 느껴지지 않는가? 그렇다면 그런 기운이 느껴질 때까지, 그런 종류의 책을 발견할 때까지 시도해 보라. 마음에 강한 기운이 형성되고, 주먹이 불끈 쥐어지면 그때 돌아오라. 그 기운을 하나도 놓치지 않겠다는 각오와 집념으로.

진하고 강한 감동을 받은 책이 있다면 구입하라. 그 책을 집으로 와서 다시 읽는다. 심야에 읽어라. 조금 전 느꼈던 강한 자극이 다시 살아 날 것이다. 당신의 눈에는 힘이 서려 있음을 느낄 것이다. 이때, 당신이 누구인지 다시 되돌아보라. 나는 무엇을 추구하며 살아왔는지, 그리고 앞으로는 무엇을 추구하며 살아갈 것인지 스스로에게 물어 보라. 만약 깊은 밤에도 그런 힘이 솟지 않는다면 내일 다시 그 일을 반복하라. 당신의 눈과, 손과, 심장이 뛸 때까지.

어느 순간 〈이거다〉하고 가슴을 찌르는 순간이 있을 것이고, 그

에 걸맞은 당신만의 단어들이 떠오를 것이다. 이력서와 자기소개서를
어떻게, 어떤 내용으로 써야 할 지 가슴 깊숙한 곳에서 메시지가 외쳐
올 것이다. 강력한 힘과 에너지가 문장으로 변환되는 순간이 올 것이
다. 그 때 작업을 하라. 강한 에너지가 당신의 가슴에 머물러있는 한
계속하라.

만일, 에너지가 서서히 약해진다면? 다시 작업을 멈추라. 그리고
이제까지 작업한 내용을 읽어 보라. 자기소개서를 작성하는 손에 힘
이 다시 들어 갈 것이다. 힘에는 리듬감도 있다. 그때 그 리듬을 다시
타라. 이 작업을 반복하라. 당신이 이력서나 자기소개서에 사용하는
단어에도 힘이 실릴 것이다. 기가 흐르고 의지가 맺힌 당신에 관한 이
야기는 보는 사람에게도 그걸 느끼게 할 것이다.

## 28. 오감을 총동원하라

이처럼 강한 전율을 가지고 작성한 자기소개서는 그냥 밋밋한
감정으로 작성한 자기소개서와는 그 문맥과 맛이 아주 다를 것이다.
동원한 용어에 차이가 분명히 난다. 용어 하나하나에 정기가 배어 있으
며, 그 자기소개서는 입체감을 가지고 당신을 흥분시킬 것이다. 당신뿐

아니라 그 소개서를 보는 모든 사람들에게 강한 인상을 줄 것이다.

그런 강력하고도 피 끓는 인생을 살아 본 적이 없다고 생각되는 가? 그저 남들이 다니는 학교에 다니고, 남들만큼 공부하고, 남들과 다르지 않는 스펙을 지니고 있다고 생각되는가? 그래서 막연한가?

아니다. 절대로 아니다. 당신은 당신만의 존귀한 삶과 차별화된 개성을 분명히 지니고 있다. 다만 발견해내지 못했을 뿐이다. 오감을 총동원하여 열정적으로 당신을 파헤쳐보라.

## 29. 어법 효과

같은 사실을 표현하는 경우라도 사용하는 단어와 형식에 따라 받아들이는 느낌은 아주 다르다. 사용하는 단어가 명사냐 부사냐 형 용사냐에 따라서 달라지기도 한다. 언어학적으로 명사를 많이 사용하 는 사람과 형용사를 많이 사용하는 사람과는 사고방식 자체가 다르다 고 한다. 현재의 사고방식만 다른 것이 아니라 앞으로의 두뇌개발 속 도와 방향에서도 커다란 차이가 난다.

이것을 〈어법효과〉라고 한다. 글을 쓰거나 말을 할 때 명사를 사용하는 경우와 동사를 사용하는 경우가 어떻게 느낌이 다른지 간단한 예를 들어 보자.

〈아는 사람을 만나 눈인사를 했다〉라는 문장과 〈지인을 만나 목례를 교환했다〉

이 두 문장은 같은 느낌인가? 앞의 문장은 왠지 간편하고 부드러워 보인다. 뒤의 문장은 어딘가 깐깐하고 딱딱하게 느껴진다. 뒤의 문장은 그러나 강한 이미지를 준다. 동사를 사용하는 어법과 명사를 사용하는 어법에는 이처럼 차이가 있다.

이 두 문장은 주는 느낌도 다르지만, 보다 중요한 것은 명사를 사용하는 어법을 자주 쓰다 보면 당신은 다음 문장에서 훨씬 묵직하면서도 강력한 느낌을 가지는 단어를 연상하게 하는 효과도 갖게 된다.

사용하는 단어에 따라 사고형태가 달라지기 때문이다. 명사형을 자주 사용하는 당신은 점차 논리적인 사람으로 바뀔 것이다. 그동안 당신은 동사와 형용사를 주로 사용하면서 감각과 직관력을 지배하는 우뇌를 많이 발달시켜 왔다. 우뇌는 당신을 감성적인 사람으로 만드는데 기여해 왔다. 당신이 현재 사용하는 동사나 형용사 혹은 유약하고 부드러운 단어들은 우뇌에 익숙해져 있다.

우뇌로 인해 당신은 사물을 느낌이나 감각으로 바라보는 습관을 지니게 되었다. 그러나 자기소개서는 형용사와 동사를 활용하는 감성적인 우뇌로 쓰는 것이 아니라, 논리와 숫자, 그리고 강한 의지를 관장하는 좌뇌를 활용하여 작성해야 한다. 또 다른 예를 통해 언어가 주는 느낌의 차이를 보자.

여러 명의 실험 참가자들에게 자동차로 인한 교통사고의 영상을 보여준다. 실험참가자들에게 보여 준 교통사고 영상은 오직 한 가지이다. 그 후 참가자를 반으로 나누어 각기 다른 질문을 한다.

> 질문 A: **자동차가 부딪쳤을 당시, 어느 정도의 속도를 내고 있었나요?**
> 질문 B: **자동차가 충돌했을 당시, 어느 정도의 속도를 내고 있었습니까?**

사고가 인명사고인지, 단순 차량사고였는지는 상관없다. 실험참가자들은 같은 영상을 보았을 뿐이다. 참가자들은 같은 교통사고

장면을 보고서도 B의 질문을 받은 사람들이 더 빠른 속도라고 답했다.

일주일 후 다음과 같은 질문을 했다.

질문: **교통사고 영상에서 전면 유리창이 깨진 것을 보았습니까?** (참고로 실제로는 유리창이 깨지지 않았다.)

그런데도 B의 질문을 받았던 참가자 쪽에서 훨씬 많은 수의 사람이 전면 유리창이 깨진 것을 보았다고 답했다.

〈충돌〉이란 어법이 〈부딪히다〉라는 어법보다 더 강력하게 느껴지기 때문이다. 〈충돌〉이라는 단어의 이미지는 〈중대한 사고〉라는 이미지를 준다. 중대한 사고라는 이미지는 깨지지도 않았던 차창이 깨진 것으로 기억하게 하는 효과가 있다.

– 〈크리스 라반〉과 〈쥬디 윌리엄스〉이 Joy of Psychology에서 –

아주 단순하고 어찌 보면 유치해 보일 수 있지만, 이는 언어학적으로 중요한 의미를 갖는다. 이력서나 자기소개서에 이런 현상을 이용하는 것은 아주 작은 예에 불과하다.

다음은 실제로 필자가 다른 사람의 자기소개서를 취급하면서 겪었던 사례이다.



어떤 느낌이 드는가? 국내 유수의 대기업 글로벌 마케팅 담당 간부를 찾고 있던 나는 어느 날, 취업 포털에서 이런 자기소개서를 발견했다. 자기소개서라기보다는 딱 한 줄의 문장뿐이었는데 의지도 아니고 철학도 아닌 아무것도 발견할 수 없는 이 한 문장이었다. 그리고 더 이상 구체적인 자료도 없었다.

이 문장을 보는 순간 나는 〈바로 이 사람!〉이란 느낌이 즉시 와 닿았다. 수많은 이력서를 보고 또 보고 하다가 딱 이 한 문장의 살인적 표현에 필이 꽂힌 것이다. 이 메일 밖에 나타나 있지 않은 그의 연락처에 나는 곧바로 연락을 취했다. 그리고 그와의 접촉에 성공했다. 그는 나의 예상에 어긋나지 않게 큰 성공을 거둔 인물이었다.

한국인 신분으로 약관 30대 중반에 세계 최고의 글로벌 기업의 미국 본부에서 연간 100억 달러가량의 사업을 관리하는 마케팅 책임

자로 근무하고 있었으며, 그의 휘하에는 40대 이상의 우수한 MBA 인재들이 수두룩한 상황이었다.

나는 그와 통화를 하면서 여러 가지 분야에 대해 대화를 했는데, 그는 많지 않은 나이에도 불구하고 산업에 대한 통찰력과 크게 열린 사고, 그리고 판단력을 겸비한 인물이었다. 나는 마치 모래 속에서 진주를 찾듯이 많은 이력서 가운데 그 한 줄의 촌철 살인적 문구를 발견했고, 그 한 줄의 문장은 그의 생각과 그릇의 크기와 넓은 시각을 한꺼번에 보여 준 것이다.

바로 이것이었다. 자기소개는 용어 하나에 따라 그 사람의 생각 크기와 방향을 파악할 수 있다. 파악한다기보다는 감지한다는 표현이 어울리는 것이다.

이력서나 자기소개서나 면접이나 모두 같은 원리다. 자성자가 제공한 내용이나 문맥으로 또는 질문에 대한 답변 내용으로 한 개인을 완전하게 파악한다는 것은 불가능하다. 다만, 그 사람이 사용하는 언어, 부지불식간에 보여주는 표정이나 습관 등으로 그 사람의 실체에 대한 어렴풋한 느낌을 갖게 되는 것이다.

이력서를 작성할 때 머리와 가슴과 눈과 손 등 신체의 오감을 총
동원하여 자기표현을 하는 것이 그래서 중요한 것이며, 표현을 할 그
순간의 감정 상태와 정기가 상대에게 전달되도록 하는 것이 중요하다.


## 30. 자기주도적인 삶이 담긴 이력서

사람의 발전 가능성은 그의 삶이 자기 주도적이냐 아니냐에 따
라 크게 달라진다. 본인의 책임에 의해 본스스로 선택한 인생은 다른
사람에 의해 피동적으로 살게 되는 인생에 비해 능률이 아주 다르게
나타난다.


이와 같은 원리는 조직 생활뿐 아니라 인생 전반에 걸쳐 중요한
것이다. 다른 사람이 선택해 준 길을 가는 사람은 점차 소극적인 사람
이 되며, 그 일을 수행한 결과도 겨우 합격의 마지노선을 넘는 정도에
불과하다. 그러나 스스로 선택한 인생을 살아가는 사람들은 그렇지
않다.


하버드 대학을 다니다가 사업을 하기 위해 스스로 중퇴를 선택한
빌 게이츠도 같은 경우이다. 그런 선택을 하는 경우는 대개 스스로 열

정을 가지고 일에 임하게 되고, 뚜렷한 목표와 전략, 강한 추진력 등을 수반되기 때문에 일반적으로 기대되는 합격선을 훨씬 넘는 탁월한 성과를 거두게 된다. 영웅들은 대개 그와 같은 과정을 거쳐서 탄생한다.

하루살이 날벌레의 경우를 예로 들어 보자.

곤충학자 장 앙리 파브르는 날벌레들의 생태를 주의 깊게 관찰하던 중 거기서 매우 중요한 사실을 발견했다. 그것은 날벌레들은 아무런 목적도 없이 무턱대고 앞에서 날고 있는 날벌레만 따라서 빙빙 날아다닌다는 것이다. 즉 앞에 있는 다른 날벌레가 돌면 따라서 돈다.

어떤 방향이나 목적지도 없이 그냥 도는 것이다. 빙빙 돌고 있는 바로 밑에다 먹을 것을 가져다 놓아도 거들떠보지도 않고 계속 돌기만 한다. 이렇게 무턱대고 7일 동안이나 계속해서 돌던 날벌레들은 결국엔 굶어서 죽어간다고 한다.

또 하나의 예를 들어보자.

여름에 사는 정상적인 일벌 암컷은 수명이 약 6주다. 하지만 겨울을 나야 하는 일벌 암컷은 9개월까지 살 수 있다. 유전적으로 동일한 개체군에 속하는 곤충이나 동물들도 생존에 필수적인 도전에 직면

하면 생명이 연장되는 것이다.

이는 유전자원은 같지만 다른 프로그램이 활성화되어 수명을 적극적으로 조절함으로써 주어진 도전에 적응하는 것이다. 이처럼 삶을 살아가는 데 있어서 목표가 매우 중요하다는 사실은 모두가 잘 알고 있다. 그러나 많은 보통 사람들은 확실한 목표를 가지고 있지 않다.

한 통계자료에 따르면 아무런 목표 없이 파브르가 관찰한 날벌레 같은 모습으로 살아가는 사람이 전체 인류의 87%에 이른다고 한다.

성공하지 못하는 이유는 기회나 능력이 부족해서가 아니다. 대부분이 목표를 설정하지 않았기 때문에 그 기회를 잡지 못했고 행동계획도 세우지 못한 것이다.

자기주도적 인생을 사는 사람들은 이력서가 다르다. 그들이 내놓는 이력서는 이력서의 내용만 다른 것이 아니라 표현방법조차도 다르다. 따라서 이제까지 자기주도적으로 살지 못했던 사람들은 지금부터 삶의 형태를 자기주도적으로 바꾸자. 그리고 이력서의 표현방법도 그런 방향으로 바꾼다.

# 31. 자기 주도적인 사람들의 표현 세계

그러면 자기주도적인 사람들은 어떻게 표현하는지 보자. 자기주도적인 사람들은 지나간 학창 시절을 묘사할 때는 본인의 관심사가 어떤 것이었음을 분명히 밝힌다. 같은 학점을 따더라도 본인이 의도적으로 본인의 계발과 장래의 방향과 연계하여 나름대로 구체적인 이유와 목표를 가지고 수강과목을 선택한다.

그 선택한 과목 내에서도 본인의 관심이 가는 전문 분야는 어떤 것이었음을 또한 그들은 알아낸다. 그들의 그런 구체적인 관심사는 반드시 이력서나 자기소개서에 나타난다. 그들이 선택한 과목에는 뚜렷한 맥락이 있다.

비록 이를 검토하는 이가 처음에는 그 숨은 맥락을 발견하지 못하더라도 이력서 작성자는 그 맥락을 가지고 있으며, 결국 모든 사람이 그 일관된 맥락을 알 수 있게 한다.

그들의 삶에는 자기가 적극적으로 찾아낸 관심사와 열정이 묻어나 있다. 그들은 본인의 관심사를 '적극적이고도 구체적으로' 표현한다. 그 방식은 예를 들면 『내가 학교에 다니면서 가졌던 가장 큰 관심 사는…』이라든가, 『내가 어떤 과목을 수강하면서 역점을 두어 생각에 몰두했던 점은…』하는 등이다.

해외 유학이나 해외 어학연수를 많이 다녀오는 요즘, 해외 유학 을 다녀온 사람들의 태도 또한 자기주도적인 사람과 그렇지 않은 경 우가 뚜렷이 다르다. 〈7막 7장〉이라는 자서전적 책을 발간한 홍정욱 의 책을 보면 그가 해외 유학을 결심하게 된 과정이 자세히 기술되어 있다.

그 표현에는 결심이라기보다는 결행이라는 표현이 어울릴 정도 의 강력한 의지가 배어 있다. 돈 있는 부모가 억지로 떠밀어 해외로 나 간 것이 아니라, 본인의 분명한 목적의식과 스스로의 선택으로 가게 된 해외 유학이니 그의 유학생활은 감동과 본받을 점으로 가득하다. 그런 까닭으로 그의 책이 많은 사람으로부터 사랑을 받는다. 홀로 떠 난 해외에서의 학업이지만 좋은 성적이 뒤 따라온다.

나는 해외에서 공부하고 온 사람이면 이런 점을 고려하여 이력 서를 작성해 보라고 권하고 싶다. 유학을 떠나게 된 배경, 유학길에 오를 때의 각오와 심정, 홀로 유학을 하면서 갖게 된 고충과 애환, 해

프닝, 성공사례 등 역경을 이겨 낸 여러 가지 케이스 가운데 하이라이트가 되는 몇 가지의 핵심 사례를 잘 정리하여 필요한 곳에서 보여주라는 것이다.

단순히 외국의 어느 대학을 졸업했다는 것이 아니라 낯선 땅 어느 곳에서 말도 통하지 않았던 어떤 역경을 어떻게 본인만의 의지와 맥가이버 같은 노하우로 극복한 스토리를 밝혀 보라. 듣는 사람에게 감동을 줄 것이다. 종래 결과에만 초점을 맞추고 있는 이력서를 보완하여 결과에 이르기까지의 과정도 함께 삽입해 보자.

국내 S대 정치외교학과를 중퇴하고 미국 유학을 갔다 온 어느 여성이 있었다. 그녀는 미국에서 학교에 다니는 동안 미국 대학생들을 대상으로 하는 인명사전인 〈Who's Who〉에 한국인으로서는 드물게 선정되었다.

이 인명사전은 일정 수준 이상 되는 미국의 대학 가운데 선발하되 하나의 대학에서 한 명의 학생만을 선정한다고 한다. 선발기준은 학업 성취도와 더불어 학창시절 봉사활동을 포함한 사회활동 전반에 걸쳐 우수한 학생을 그 대학 총장의 추천을 통해 선발한다.

이렇게 추천된 학생 가운데 주최측에서 다시 심사하여 해당 인명사전에 등록하는 아주 까다로운 절차를 거친다. 많은 한국 학생들이 미국에 어학연수나 유학의 형태로 떠나지만 이런 특별한 경험을 하는 경우는 흔하지 않다.

이런 까다로운 절차를 거쳐 미국의 인명사전에 등록된 그녀의 이력서에는 그러나 이와 같은 사실들이 그저 밋밋하게 기록되어 있었다.

〈○○ 대학 중퇴〉
〈미국 ○○ 대학 졸업. Who's Who 등재〉
이렇게 간략한 사실만 기술되어 있었다.
그녀는 이 이력서를 가지고 한국 내 여러 회사에 지원했다가 낙방한 바 있었다.

나는 그녀의 이력서를 보자마자 그 인명사전에 그녀가 선발된 과정을 구체적으로 질문했다. 그녀는 비로소 그 상이 어떤 성격을 가진 것이며, 선발과정은 어떤 것인지 나에게 설명해 주었다. 나는 그녀가 털어놓는 미국에서의 성취에 적지 않는 감동을 받았다. 성취를 한 그녀 보다 간접적으로 전해 듣는 내가 더 느낌이 왔다.

나는 그녀로 하여금 그 이력서를 보완하도록 했다. 본인의 학창 시절 사회활동, 그리고 학업 성취, 그렇게 활동을 하게 된 배경 등을 보완하고, 그 인명사전에 등록되기까지의 과정과 등록 이후의 감동까지도 구체적으로 포함하도록 권유했다. 그리고 가능하다면 그 인명사전의 해당 페이지를 첨부하여 이력서와 함께 제출하도록 했다.

단순히 〈Who's Who〉라고만 하면 누가 그 의미를 알겠는가? 얼른 지나가다 보면 그냥 지나칠 수도 있다.

## 32. 자기소개서 증명사진

미국 학창시절에 인명사전에까지 등록된 이 후보자는 이력서의 사진조차도 아무렇게 촬영된 것을 부착했다. 흰색의 평범한 배경화면에 흰색 블라우스를 입은 무표정한 사진이었다. 원래 흰 얼굴이었는데 사진으로는 피부색이 더욱 초췌해 보였으며, 아무 특징도 없는 것이었다.

사진은 이력서 가운데 자신을 이미지로 표현하는 유일한 수단인데도 많은 지원자들이 본인이 폰카로 찍은 사진이라든가 지하철 포토

박스에서 귀가길에 피곤한 모습으로 촬영한 사진을 부착하고 있다. 사진은 최근 사진을 별도로 사진관에 가서 특별히 친근하고도 개성 있는 구도로 촬영하는 것이 좋겠다.

너무 튀거나 이상한 표정이 아닌 한 사진도 이제는 지원서에서 자기를 표현하는 중요한 분야이다. 지원하는 포지션에 어울리게 복장을 갖추고 그에 걸맞은 표정과 구도를 취하여 검토자에게 특별한 느낌을 주도록 하자.

예를 들면, 예술적인 포지션에 지원하는 후보자는 개성 있는 표정이나 구도가 더욱 요구될 것이며, 경영지원 분야의 지원자는 정중하면서도 산뜻한 분위기의 사진을, 개발자 혹은 연구자의 사진은 성실하면서도 부드러운 사진 분위기가 좋을 것이다. 사진 역시 보이지 않는 사진 검토자와 대화를 하는듯한 이미지를 주는 것이 딱딱한 증명사진보다 정감이 더 갈 것이다.

## 33. 이력서 작성 가이드

이미 설명한 바와 같이 이력서와 자기소개서는 취업을 하기 위한 가장 첫 단계이자 가장 중요한 관문이다. 그럼에도 불구하고 취업을 위해 제출하는 이력서를 보면 흠집투성이인 경우가 허다하다. 취업 포털 온라인에 올려놓은 이력서나 자기소개서, 그리고 여러 경로로 필자에게 제출한 이력서를 중심으로 구직자들이 자주 범하는 잘못과 그에 관련된 주의사항을 설명하면 다음과 같다.

**1. 이력서는 이미 준비된 양식을 사용하지 말고 가급적이면 백지로 된 양식을 사용하라.** 미리 준비된 양식의 이력서를 〈문방구 이력서〉라고 한다. 싸구려 이력서의 다른 이름이다. 과거의 문방구 이력서는 이름과 나이, 주민등록번호 등과 같은 정보를 입력할 수 있도록 양식을 미리 만들어 두었다.

이런 양식은 이름 적는 란과 주민등록번호 등 기입할 사항을 미리 제공해 두어서 이력서 작성자는 빈칸에 본인의 정보를 대입하여 넣기만 하면 되었다. 이력서 작성자도 편리할 뿐 아니라, 대기업에서 많은 지원자를 한꺼번에 채용하는 경우, 통일된 방식으로 지원자를 편리하게 평가하고자 할 때 이런 방법을 사용 할 수 있다.

온라인으로 이력서를 접수할 경우에도 미리 정형화된 양식에 의해 인재를 파악하므로 이런 양식을 사용하는 경우가 있다. 그러나 인재를 채용하는 기업의 입장이나 그 기업에 지원을 하는 후보자의 입장에서 보면 지원자 각 개인의 개성과 창의성을 파악하고, 또한 이력서 작성을 위한 여러 가지 아이디어를 수집할 수 있다는 점에서 문방구 이력서 양식은 한계가 있다.

옷이 날개라고 한다. 돈이 많이 드는 일도 아닌데 싸구려 이력서를 사용할 필요가 없다.

최근 각종 공모전에서 형식을 최소한으로 정하는 백지상태의 아이디어를 구하는 경향이 증가하는 추세와도 발맞추어 자유 형식의 이력서가 좋을 듯하다. 지원자의 입장에서 보면 미리 주어진 이력서 양식이 없을 경우에는 백지상태의 이력서에 본인의 아이디어를 동원하여 이력을 기술하는 것이 바람직하다.

이처럼 자유로운 이력서를 제출하면 그 이력서를 중간에서 보완하는 헤드헌터가 있을 경우에도 자유롭게 보완할 수 있다. 양식에 꽉 짜인 이력서는 헤드헌터가 보완하기에 아주 까다로울 뿐 아니라 이력서 수정을 할 경우 양식이 일그러져서 보기에도 좋지 않게 된다. 워드 프로세서 파일로 된 백지의 이력서에 내용이 잘 꾸며진 기존의 샘플 이력서가 있으면 그것을 활용하는 방식이 좋다.

다만 채용하는 회사에서 주어진 이력서의 양식이 있을 경우에는 그 범주를 벗어나면 안 된다.

**2. 이력서 앞부분의 잘 보이는 곳에 본인이 왜 그 자리에 적합한 인재인지 간략히 밝히자.** 본인의 경력이나 본인의 노력을 통해 습득한 기술, 본인만이 지닌 장점 및 능력(어학 및 다른 기업에서의 기여사항 등)을 간략하고 분명하게 기록한다. 본인의 장점을 앞부분에 먼저 정확히 밝혀야 이력서를 검토하는 사람이 초기에 관심을 가지며, 쉽고 편리하게 지원자의 강점을 이해하게 된다.

**3. 본인이 이룩한 성취나 다른 사람과의 차이를 이력서 어느 부분을 활용하여 기록하라.** 기업의 담당자는 수없이 많은 이력서를 한꺼번에 검토하는 위치에 있으므로 차별화 전략이 기업의 관심을 끄는 핵심요소이다. 이력서의 양식에 너무 맞추려고 애쓰지 말자. 양식에 구속되면 어느 자리에 본인의 차별화를 해야 할지 막연하게 느껴지는 경우가 많다.

007가방에 수박이나 혹은 여러 가지 형태를 지닌 물건을 담을 수는 없다. 미리 담을 모양이 갖추어져 있기 때문이다.

다양한 모양의 도구를 보자기에 싸듯이 다양한 내용을 다채롭게 포함시키는 데는 백지와 같은 유연한 포장용기가 필요한 것이다. 본인이 이력서를 검토하는 입장이라고 생각하고 편안한 마음으로 검토자에게 전하고자 하는 메시지를 담으면 된다.

비록 주어진 이력서 양식이 있다고 하더라도 그 양식의 범위 내에서 가급적 본인이 하고 싶은 말을 넣겠다고 생각하자. 그러면 분명히 공간이 보일 것이다.

**4. 지원하는 회사 및 부서에 부합한 맞춤형 이력서를 준비하자.**
자기가 지원하는 포지션에 맞는 내용으로 구성하고, 그 포지션이 요구하는 중요한 사항을 이력서의 윗부분에서 강조하여 배열하자. 이력서에 포함될 내용을 중요항목 순으로 적어보면 다음과 같다.

가. 개인의 신상 정보

    (이름, 성별, 나이 등)

나. 희망직종을 위한 본인만의 강점 요약

    (경력상의 연관성 및 강점, 능력, 어학실력 등 스킬)

다. 간략한 경력 소개

    (기간, 회사명, 직급, 담당업무 등)

라. 학력 및 교육

마. 포상 및 기타 사회 활동

바. 경력의 상세 소개

사. Reference Check

(Reference Check는 본인에 대해 코멘트를 줄 수 있는 과거 회사의 상사나 동료를 말하며, 두어 명의 이름과 연락처를 기입한다. 대개 이력서 검토자는 주어진 번호로 연락을 취하지 않는 경우가 대부분이지만 이력서 작성자의 입장에서는 본인을 객관적으로 검증하는 강력한 효과가 있다.)


**5. 의미 없는 내용으로 다른 항목을 빛바래게 하지 말자.** 이력서에 의미 없이 들어가는 사항의 예로는 다음과 같은 것들이 있다.


가. 자격사항: 운전 면허증

나. 취미: 등산, 독서 등

다. 초등학교, 중학교 학력사항

라. 지나치게 구체적인 가족상황

마. 기타 업무와 관련 없는 사항

(오래된 병역사항 및 구체적인 근무처 등)


**6. 한 가지의 범용 이력서로 이곳저곳에 제출하지 말자.** 기업과 지원하는 포지션에 따라 요구하는 능력과 기술이 다르다. 따라서 공통 이력서를 사용한다는 것은 그런 개개 포지션의 요구사항을 만족시

킬 수 없으며, 오히려 다른 기업에 활용했던 이력서 내용을 실수로 제출하는 수도 발생한다.

어느 회사든 한번 이력서를 제출했다가 합격하지 못한 회사와는 영구히 인연이 멀어질 수 있으므로 정성을 다해 임해야 한다. 이력서를 제출한다는 것은 그 회사에 근무할 의사가 있다는 것인데, 회사에 아무렇게나 지원했다가 불합격함으로써 희망회사 명단을 하나씩 지워나갈 필요가 없는 것이다.

**7. 이력서는 최대한 압축하라.** 그리고 간결하게 항목으로 표기하라. 그러나 필요할 경우 문장으로 만들어 설명해도 좋다. 이력서란 지원자가 본인의 이력을 한눈에 알기 쉽게 볼 수 있도록 작성하는 서류일 뿐이다. 형식에 지나치게 구애되지 말자.

**8. 이력서를 디자인하라.** 워드프로세서 프로그램으로 된 백지의 이력서에는 본인만의 특색 있는 디자인을 할 수 있다. 지나치지 않는 범위 내에서 이력서를 아름답게 꾸미도록 하자.

글자체, 글자의 크기(너무 크지 않는 것이 좋다), 자간과 행간 , 글자체의 변형, 레이아웃 등 다양하고 성의 있는 편집을 통해 자신의 감각과 실력을 보여 줄 필요가 있다. 그러나 야단스럽게 치장을 하는 것은 하지 않는 것보다 못하다.

9. 이력서 이외에 Cover Letter를 추가하는 경우가 있는데, 대부분의 Cover Letter는 핵심적인 내용보다는 인사를 하는 정도의 Cover Letter를 제출하고 있으며, 실제로 이 레터를 진지하게 검토하는 담당자는 많지 않다.

또한, Cover Letter와 이력서의 내용이 중복될 우려가 있어서 내용의 희소가치와 흥미를 분산시킬 우려가 있다.

그러므로 Cover Letter는 작성하지 말고 전달하고자 하는 핵심사항이 있으면 이력서를 통해 전달하는 것이 효과적이다. 커버레터는 일반적으로는 제출서류에 포함되지 않는다.

## 34. 공인중개사 자격증

이력서를 검토하다 보면 지원하는 포지션과 관련이 없는 사항을 기록하는 경우가 가끔 눈을 거슬리게 한다. 이런 경우는 그 기록이 도움이 되는 것이 아니라 오히려 의심과 궁금증만 자아내게 한다.

예를 들면, 자격란에 공인중개사 자격증 획득 등과 같은 내용을 기입하는 경우이다. 공인중개사 자격증은 지원하는 포지션이 부동산과 관련 있는 경우가 아니라면 비록 그 자격증을 가지고 있다고 하더라도 굳이 기입할 필요가 없다. 기업의 인사업무나 개발, 영업, 기획, 전략 등 어느 업무에도 공인중개사 자격증이 필요한 것은 아니다.

공인중개사 자격증을 얻는 이유가 무엇인가? 중개업을 하려고 하는 것이 아닌가? 나중에 직장에서 퇴직했을 경우나 직장에서 위치가 흔들리면 부동산 관련 업무를 하려고 한다는 의도가 엿보이는 자격증이다.

물론 공인중개사 자격증 자체가 문제가 있는 것은 아니다. 현재 본인이 속한 산업에서 전문가가 되려는 노력이 선행되어야 한다는 뜻이다. 현재 본인의 업무에 열정을 다하여 일인자가 되려는 강한 마음가짐이 이력서 상에 녹아 있어야 채용 담당자의 마음을 얻을 수 있다. 현업을 제쳐 두고 다른 분야에 이리저리 기웃거리는 모습은 보기에 좋지 않다는 뜻이다.

현업에서 퇴직한 경우도 마찬가지이다. 퇴직하여 공인중개사 자격증에 도전했다는 것은 이미 본인의 진로나 비전이 그만큼 한계에 부딪혀 있다는 것을 보여준다. 공인중개사 시험은 과거의 경력이나 전문성과는 상관없이 누구에게나 문호를 개방하여 시험을 보게 하는 제도로서 본인의 전문성이 시장에서 경쟁력이 약하다는 것을 단적으로 보여 주는 것이다.

따라서 비록 공인중개사 혹은 이와 유사한 국가 자격증을 획득했다 하더라도 이를 굳이 아무 관련 없는 포지션에 지원하면서 강조할 필요는 없다. 비단 공인중개사뿐만 아니다. 주택관리사나 기타 자격증 또한 같은 맥락이다.

자격란에 운전면허증을 기입하는 경우도 마찬가지이다. 운전면허증을 소지하고 있다는 것이 다른 사람과의 차별적 요소가 되는가? 오히려 면접관을 혼란스럽게 하고, 이력서에 흥미를 떨어지게 하여 다른 사항마저도 의미를 퇴색시킨다. 본인의 이력서를 밋밋하게 만들고, 이력서 작성자의 이미지를 흐리게 하는 사항은 잘 가리는 것이 좋다.

# 35. 자기소개서 작성 가이드

이력서가 본인의 신상정보와 경력 등을 항목에 따라 정리한 제한된 양식이라면, 자기소개서는 그야말로 본인의 재량에 따라 솜씨를 발휘할 좋은 기회가 된다. 이력서가 결과를 중심으로 하는 사실을 기술하는 것이라고 한다면, 자기소개서는 이력서를 바탕으로, 이력서에 나타나 있지 않은 사항을 첨언하는 것이다.

즉, 이력서가 지나온 삶의 결과를 기술하는 것이라면 자기소개서는 그 결과가 도출되기까지의 과정, 동기, 전략, 노력 등 남다른 차이를 보여주는 것이다. 자기소개서는 건조한 단어로 표현된 이력서를 윤기 있게 하고, 다이내믹한 인간으로서 지원자의 특징과 가치관을 보여주는 기회이다.

그렇다고 하여 자기소개서가 긴 문장으로 본인의 인생 전반을 소개하는 것은 아니다. 인생의 여러 단면 가운데 본인의 특징과 장점을 잘 보여 줄 수 있는 사건이나 성취를 보여주는 기회이며, 포상을 받았거나 인정을 받았을 경우에는 그 포상이 갖는 특별한 의미나 선정 과정 등에서 본인의 두드러진 점이 있다면 그 부분을 강조하면 된다.

# 36. 자기소개서 작성 순서

자기소개서를 작성할 때 가장 중요한 것은 백지에 혼을 불어넣는다는 생각으로 작성한다. 그저 사실만의 나열이 아니라 하나의 사실을 기록할 때도 혼과 정성이 느껴지도록 작성하자. 그런 느낌이 들지 않는 밋밋한 사실은 과감하게 삭제를 해도 좋다. 나에게 감흥이 없는 자기소개서는 상대를 감동시킬 수 없다.

많은 경우, 자기소개를 하는데 아래와 같은 항목을 사용하나 필자는 이 항목들은 좋은 항목이라고 생각하지 않는다. 본인만의 개성과 아이디어를 접목시킬 여유가 많지 않기 때문이다. 이 양식은 진부한 내용으로 채워질 우려도 크다.

보편적으로 널리 사용되는 이 자기소개시 양식은 지원자기 지원하는 포지션에 대해 업무상 얼마나 부합하는가 하는 사무적 내용이 별로 없고, 성장과정이나 입사 후 포부 등 막연한 내용을 담고 있어서 후보자들 사이에 차별화도 없을 뿐 아니라 업무와 관련 없는 개인적인 사항으로 흐르고 있어서 관심을 끌기가 어렵다.

그렇지만 여기서는 편의상 기존의 이 양식에 의해 예를 들어 설명해 보자.

재차 강조하지만, 자기소개서는 이런 개인적 내용을 담기보다는 본인의 업무상 경력이 지원하는 포지션과 얼마나 부합하는지를 중심으로 나름대로 제목을 붙여서 기록하는 것이 옳다고 필자는 굳게 믿는다.

### [ 성장 과정 ]

태어나서 현재에 이르기까지 크고 작은 경험을 했을 것이다. 그 가운데 현재 지원하는 회사나 업무와 관련이 있는 사건이 있는가? 혹은 다른 사람이 경험하지 못했을 것 같은 특이하면서도 본인의 단면을 잘 나타내주는 사건이 있는가?

어떤 특정한 분야나 특정한 사안을 추구하고 연구해 본 적은 있는가? 과거 어느 기간 동안 색다른 일을 해 본 경험이 있는가? 목적과 의도를 가지고 특별한 고생을 해 본 경험이 있는가? 그런 경험들이 있다면 그것들을 소개하고, 그 목적과 전략 및 과정을 이야기 형태로 기술한다. 너무 길지 않도록 한다.

뭐든지 길면 수다스럽게 느껴진다. 다른 사람과 차별화되지 않는 사항은 가급적 피한다. 특히 성장과정을 설명하는 많은 지원자가 부모나 가정의 분위기로 시작하는데 특이한 점이 없다면 그와 같은 내용은 진부한 느낌만 줄 뿐 큰 도움을 주지 못한다.

### [ 성격의 장, 단점 ]

심리학에 의하면, 다른 대부분의 사람들이 지니고 있는 공통적인 본성을 자신만의 독특한 성격이라고 믿는 경우가 많은데 이것을 〈바넘 효과〉라고 한다. 예를 들면, 나는 평소에는 매우 온화하고 부드러우나 일단 화가 나면 매우 무서운 사람으로 돌변하는 성격을 보자. 이런 성격은 대부분의 부드러운 사람에게 공통적인 현상이다. 이런 일반적인 현상을 사람들은 본인만의 고유한 속성으로 이해한다는 것이다.

성격을 표현할 경우에 성질이 급하다, 꼼꼼하다, 온유하다 등과 같은 형용사를 달랑 하나 쓰고 본인이 그렇다고 단정하는 것은 어리석은 표현일 뿐 아니라 심사위원에게 감흥을 전혀 주지 못한다. 인간에게는 급하고, 조용하고, 낙천적이면서도 염세적인 면모가 복합적으로 얽혀 있다. 이런 특징 가운데 하나만을 골라 자신의 성격으로 규정하는 것은 설득력이 떨어진다.

아무 근거 없이 단도직입적으로 성격을 말하기보다는 특정 사안을 대할 때의 심리적인 움직임이나, 어떤 모임이나 자리에서의 본인의 역할 등 사실적인 것을 예로 드는 것이 좋다. 학교 성적 가운데 특히 좋았던 성적과 좋지 못했던 성적, 의미 있는 해프닝, 중요하게 생각하는 가치관, 긍정적인 별명 등 재미있는 방식으로 표현하는 것이 좋을 것이다.

가급적이면 개인적인 성격을 소개하기보다는 업무와 관련된 사항 즉, 하루를 계획하는 방식이나, 아이디어를 얻는 곳 등 구체적인 일화를 소개하는 것이 좋을 것이다.

**[ 입사 지원 동기 ]**

지원하는 회사와 관련지어 본인의 소신을 분명히 밝힌다. 현재까지의 경험 가운데 중요한 삶의 궤적이나 그에 입각한 인생관, 지원하는 회사와의 평소 인연 등을 스토리로 엮어서 표현한다.

해당 포지션에 지원하게 된 동기는 과거의 경력과 미래의 비전에 따라 일관성 있게 서술하여야 하며, 내용에서 신뢰가 갈 수 있으면서도 재미있게 기술한다.

회사의 경영철학이나 사업모델, 사회적 가치 등에 본인의 강점과 우선순위 및 해당 산업에 대한 통찰과 접목하여 사무적으로 기술한다.

### [ 장래 희망/입사 후 포부 ]

본인의 현재 입장과 위치를 감안하여 단기 및 중장기적으로 구분하여 기록한다. 너무 황당하거나 지나치게 큰 포부보다는 현실성이 있으면서도 독창적이면 좋다. 우리의 삶과 기업의 역할을 비교하고, 본인의 가치관이 함께 어우러진 것이면 좋다.

어느 경우이든 다른 항목과의 일관성이 중요하다. 그 포부를 가지게 된 배경과 그것이 달성되었을 때의 본인의 모습 및 포부의 사회적 가치 등을 간략히 첨가하는 것이 좋다. 어떤 경우이든 남의 것을 베낀 것 같은 내용이나 최고경영자가 되고 싶다는 등의 막연한 내용은 흥미를 끌지 못할 것이다.

어떤 표현이든 진심을 담아내는 것이어야 한다. 만약 진심이 담기지 않는다면 다시 마음을 가다듬어 이 회사에 지원하는 이유를 스스로에게 질문해 보라.

# 37. 자기소개서 작성 시 유의할 점

다음 사례는 실제로 온라인 잡 포털Job Portal에서 발견된 것 혹은 필자가 받은 자기소개서의 잘못된 사례들이다.

**1. 친구 간에 사용하는 캐주얼한 언어 습관은 피하라.**

캐주얼한 언어에는 열정과 혼을 담을 수 없다. 자기소개서가 가볍게 보일 뿐 아니라 상대에 대한 예의도 아니다. 가벼운 표현법은 피하고, 정중하며 공손한 표현법을 사용하라.

예를 들면 친구 사이에는 『~했어여.』『~했구.』『~아니구.』 등과 같은 구어적 표현을 사용하거나 『^^』 등과 같은 이모티콘을 사용하는 경우가 많다. 이런 것은 공식적인 서류에는 적합하지 않다.

**2. 구체적인 표현을 사용하자.**

저는 인간적인 면모를 가진 사람, 자기관리를 할 줄 아는 사람이라고 할 수 있습니다. 제가 중요하게 생각하는 인간적인 면모는 사람을 보는 평정심입니다. 사회생활 속에서도 업무적으로나 외적으로도 사람을 상대하면서 제가 속한 단체나 또한 제 개인적으로도 사람 관계에 있어서 많은 이점을 남기고 있다고 볼 수 있습니다. 꾸준한 운동을 통하여 내면적으로 건강한 사람이라고 할 수 있습니다.

- 하략 -

어느 실제 자기소개서의 첫 부분이다. 내용이 너무 막연하고 아무 근거 없이 본인을 인간적인 면모를 가진 사람, 자기관리를 할 줄 아는 사람이라고 표현하고 있다. 인간적이란 표현은 지나치게 주관적인 표현이다. 근거가 없기 때문이다. 자기관리를 할 줄 안다는 표현도 마찬가지이다. 자기관리란 무엇을 의미하는 것이며, 자기관리를 어떻게 해서 그 결과 어떻게 되었다는 내용이 없다.

또한 〈사람 관계에 있어서 많은 이점을 남기고 있다〉는 표현도 무슨 뜻인지 알 수가 없다.

### 3. 부정적인 요소를 강조하지 말자.

본인의 과거 경력 가운데 기억하고 싶지 않은 실패사례나 어두운 모습은 일부러 부각시킬 필요가 없다.

〈새로운 도전〉, 〈새로운 삶을 살겠다〉라는 표현도 좋지 않다. 자기소개서의 첫머리나 제목에 이렇게 표현된 경우도 가끔 있는데, 이렇게 시작하면 본인 스스로 지나간 과거를 실패로 규정하는 것이므로 보는 이로 하여금 나쁜 선입관을 심어 준다.

부정적인 요소를 앞세우면 소개 내용이 전반적으로 본인의 잘못을 후회 혹은 변명하거나 남의 탓으로 돌릴 우려가 있으므로 본인 스스로 그런 분위기를 조성할 필요는 없다. 면접이든, 자기소개이든 밝은 표현, 적극적인 분위기를 유도함으로써 면접관도 유쾌하고 본인도 기분 좋은 자리가 되도록 전략적으로 시도해야 한다.

**4. 본인의 분명한 생각이 아니면 표현하는 것을 삼가라.**

취업 포털에 나와 있는 대부분의 이력서나 자기소개서를 보면 〈입사 후 포부〉가 있는데, 해당 취업 포털 사이트에서 이미 제공된 형식으로 취업하는 사람들은 이 주어진 양식에 의해 작성을 하게 된다. 그러다 보니 〈입사 후 포부〉에 대해서는 많은 경우 『주어진 일에 대해 최선을 다 하겠습니다.』『고객과 회사를 위해 노력하겠습니다.』 등의 형식적인 표현으로 마무리한다.

이 경우 아직 입사해야 할 회사나 업무에 대한 충분한 정보가 없이 대충 얼버무리는 것 같은 인상을 주게 된다. 어떤 회사에 지원하고, 그 자리에 본인이 어떻게 합당한 지 알 수 없는 경우에는 본인 경력상의 핵심요지를 기입하는 것이 더 효과적이다.

내가 하고 싶은 일이 어떤 것이며, 그 일이 조직 내에서 어떻게 이바지하는지에 대한 뚜렷한 비전을 보여 주는 것이 좋다.

### 5. 오·탈자의 검증

이력서나 자기소개서를 보면 뜻밖에 오자와 탈자가 많다.

평생의 삶의 터전이 될 일자리를 얻기 위해 제출하는 공식 문서는 최선을 다해 준비하고 성의껏 제출해야 하는데도 불구하고 잘못된 글씨를 바로 잡지도 않고 제출한다는 것은 그 기업에 대한 최소한의 예의도 갖추지 않은 격이다.

이런 문서를 보면 스스로 취업을 포기했다고 생각하지 않을 수 없다. 채용하는 측의 입장에서 보면 수많은 이력서를 검토하고, 그 가운데 일부를 엄선하여 면접하는데, 이력서 검토를 하는 첫 단계에서 오자와 탈자가 보이는 이력서를 참아 주는 사람은 아무도 없다.

요즘은 컴퓨터 프로그램이 발달하여 잘못된 글자를 자동적으로 인식하고 바로 잡아주는 기능이 있는데도 작성된 이력서를 스스로 검토하는 노력 없이 무성의하게 제출하는 경우는 치명적이다. 워드로 작성된 문서의 경우, 띄어쓰기가 잘못되면 녹색 줄이 표시되고, 오자 탈자는 붉은색으로 표기해 주어 식별도 쉽고 수정도 간편하다.

『뭐, 실제로 그런 이력서가 실제로 있을까?』하고 의문을 가지는 사람도 있겠지만 의외로 그런 이력서가 수두룩하다. 예를 들면,

> 『도전하는 삶을 가져야 하는 사람은 썩은 물과 같지 안다.』
> 고 말씀하신 아버지의 말씀을 항상 가슴에 세기며…
>
> – 하략 –

이렇게 시작하는 자기소개서를 보자. 먼저『도전하는 삶을 가져야 하는 사람은 썩은 물과 같지 안다.』라는 문장은 어딘가 이상하지 않는가?『도전하지 않는 삶은 썩는 물과 같다.』고 표현하는 것이 옳지 않은가? 그리고 이런 진부한 표현은 제한된 지면에 자기소개를 알차고 치밀하게 작성해야 할 문장으로는 매력적이지 않다. 이 한 문장에 〈안다〉는 〈않다〉의 잘못된 표기이며, 〈세기며〉는 〈새기며〉의 잘못된 표기이다. 매우 무성의하며, 채용담당자의 눈을 거슬리게 하는 자기소개서이다.

또한, 한글 맞춤법을 잘못 쓰는 경우로 〈안하고〉를 〈않하고〉로 잘못 표현하는 경우가 많으며, 최근 구어체에서 잘못 사용되는 경우로 〈다르다〉라고 표기해야 할 부분에 〈틀리다〉라고 표현하는 경우도 잘못 표기되는 경우이므로 주의해야 한다.

### 6. 지나친 겸손이나 자신의 단점을 일부러 부각시킬 필요는 없다.

무역 분야 전문가가 되고자 합니다. 그러나 현재 영어는 업무를 겨우 할 수준은 됩니다만 무역실무 분야는 다른 사람에 비해 뒤집니다. 무역관련 분야의 경험이 뒤지지만, 준비된 영어 실력과 타고난 성실성이 있습니다.　　－하략－

본인의 장점과 경쟁력을 자기소개서를 통해 효과적으로 소개하는 것이 목표인데, 이 경우는 본인 스스로 단점을 강조하고 있다. 자기소개서는 본인의 역량이 해당 포지션에 적합하며, 다른 경쟁자에 비해서도 우수하다는 점을 강조함으로써 채용담당자를 설득하는 문서이다.

만일 무역 업무에 종사한 〈기간〉이 다른 사람에 비해 상대적으로 짧다고 한다면, 『본인은 무역 분야에 관한 업무 경쟁력을 단기간에 향상시키기 위해 낮에는 실무 경험을 쌓는 한편, 밤에는 관련 분야의 전문서적을 통해 이론적인 공부를 함으로써 이 분야에 준비된 실무 전문가가 되고자 노력했습니다.』라는 표현으로 바꾸어야 한다.

7. 문서의 〈제목〉은 될 수 있으면 구체적으로 전문분야를 기입한다. 취업관련 포털 사이트를 검색하다 보면 메인 화면에서의 제목을 막연하게 표기해 두는 경우가 많다. 자기소개서의 제목은 취업 포털을 열 때 가장 첫 화면에 등장하는 단어로 검색하는 사람들에게 노출되는 것이다.

채용 담당자들은 이 초기 화면의 검색어로 그 후보의 이력서를 열어 볼 것인지 아닌지를 결정한다. 그러므로 첫 화면의 검색어로 본인이 어느 분야의 전문가란 사실을 밝혀 주어야 다음 단계인 이력서 열기 단계로 넘어갈 수 있다.

그럼에도 불구하고 첫 화면에서 무슨 분야의 전문가인지 알 수 없는 방법으로 제목을 표시하는 경우가 많다.

예를 들면, 〈도전자 ○○○〉, 〈○○○의 자기소개서〉, 〈열정이라는 거름을 향해〉, 〈Creative Leadership〉, 〈자신이 좋아하는 일을 하기 위하여〉, 〈자신감 있는 모습〉 등과 같은 표현이다.

채용 담당자는 포털에 무수히 등록된 이력서 제목 가운데 간편하게 본인이 원하는 분야의 전문가를 선택하고자 하는데 이처럼 어떤 분야의 전문가인지 알 수 없는 제목은 그냥 지나치게 되는 것이다.

자기소개서의 본 제목의 경우도 마찬가지이다. 본인만의 전문성에 입각한 분야를 앞부분의 제목으로 표기하여 채용담당자가 파악하기 쉽게 도와주어야 한다. 아무 근거도 없이 『열정 하나만으로 똘똘 뭉쳐 살아온 ○○○』이라든지 『나의 진면모를 보여 드리겠습니다.』라는 제목은 설득력이 없으며, 오히려 작성자의 어설픈 치기만 보여 줄 뿐이다.

제목은 구체적으로 〈응용 프로그램 개발 6년〉이라든가 〈마케팅 커뮤니케이션 한 길〉, 〈인사제도와 교육 분야의 전문가〉 등 본인이 희망 분야 혹은 전문 분야를 분명히 밝히는 것이 좋다.

**8. 자기소개는 본론으로 바로 들어가자.**
하고 싶은 말을 바로 시작하라.

> 　　귀사에 지원하게 된 것을 영광으로 생각하며 귀사와 함
> 께 저의 꿈을 펼쳐 보고자 지원하게 되었습니다. 성장 배경
> 에 대해 말씀드리겠습니다. 1980년 형제 중 차남으로 서울
> 에서 태어났습니다.　　　　　　　　　　　　　－ 중략 －
>
> 　　항상 정직과 신용이 배어있는 아버지의 영향을 받
> 아…　　　　　　　　　　　　　　　　　　　－ 하략 －

채용담당자는 이와 같은 이력서를 수없이 많이 본다. 이런 서두로 시작하는 자기소개서는 채용담당자에게 식상할 따름이다.

본인이 몇 남매 가운데 몇 째인지, 어느 고장에서 태어났는지 등과 같은 내용도 중요한 사항은 아니다. 평범하고 일상적인 정보는 성장과정 가운데 핵심적 내용이 될 수 없다.

『정직과 신용이 몸에 배어 있는 아버지…』등과 같은 표현도 아무 근거 없는 내용으로 호소력이 떨어진다.

**9. 구체적이고 생생하게 그림을 그리듯이 표현하라.**

이력서나 자기소개서는 서로 일면식도 없는 사람끼리 문장으로 상호 소개하고 소개받는 것이다. 서류에서 소개한 본인은 실제의 모습과

다를 수가 있다. 이를 검토하는 사람의 입장에서도 글로 적힌 자기소개서를 곧이곧대로 믿기도 어려우며, 그렇다고 믿지 않을 수도 없다.



이렇게 구체적이면서도 의미 있는 본인의 생활상을 생생하게 알려 줌으로써 시작하는 자기소개는 바람직한 경우이다. 생생하고 구체적으로 본인의 생활 모습이나 패턴을 소개하는 것은 보는 사람에게 신뢰를 준다.

커뮤니케이션 심리학 이론으로는 거짓 표현과 진실 표현을 구분하는 가장 근원적인 기준은 화자가 본인이 설명하는 상황을 구체적으로 그림을 그리듯이 표현하느냐, 아니면 대충 근거 없이 〈그렇다〉는 형식으로 표현하느냐 하는 것이라고 한다.

『나는 진실한 사람이다.』
『나는 정의롭지 못한 장면을 만나면 참지 못한다.』

이런 본인 소개는 그 근거가 없기 때문에 힘을 얻지 못한다. 본인이 정의롭지 못한 장면을 만나서 참지 못했던 사례를 들어 소개하는 것이 효과적이다.

『나는 아버지를 닮아서 열심히 살고 성격도 부지런하다.』라는 막연한 표현보다는 본인의 부지런한 생활모습, 즉 매일 아침 잠자리에서 일어나는 시각을 정확하게 밝히고, 기상을 한 직후의 상황 설명과 더불어 느낌을 간단하면서도 생생하게 소개해 주는 것이 보는 이로 하여금 믿음을 갖게 한다.

새벽에 일찍 일어나려면 전날 밤 조금 일찍 잠들어야 합니다. 나는 저녁 10시면 잠자리에 드는데 처음에는 습관을 들이기가 쉽지 않았습니다. 새벽 4시에 일어난 지 3년이 지난 지금은 이 시간이 되면 저절로 눈이 떠집니다. 새벽 4시. 남들이 모두 잠들어 있는 고요한 시각에 일어나 세수를 하고 책상에 앉아 서울의 야경을 바라다보면 세상에 나 홀로 존재하는 것 같기도 하고, 내가 가장 멋진 자리에 앉아 있는 것 같은 자부심이 생깁니다. 나는 고요히 눈을 감고 오늘 할 일의 우선순위를 정해 봅니다. 오늘은 이 자기소개서를 작성하는 일로 새벽을 시작합니다.

- 하략 -

다소 긴 것이 흠이지만 이처럼 본인의 하루 생활을 꾸밈없이 소개하면 굳이 『나는 부지런하다.』『나는 열심히 산다.』 등과 같은 표현을 하지 않아도 된다.


### 10. 주저리주저리 서두의 사례

자기소개서를 시작할 때는 바로 핵심적인 주제로 들어가야 한다. 정곡을 찌르는 말이나 가장 적합한 자기표현으로 시작해야 한다. 첫 문장에서 지나치게 개인적인 표현이나 아무 의미 없는 것들로 시작하는 것은 서류 검토자들로 하여금 자기소개서를 대충 보고 넘어가게 한다.

의미 없는 서두의 예를 들어 보자.

> 먼저 본인의 소개를 할 수 있는 기회를 갖게 되어서 기쁘게 생각합니다.
>
> -------------------------------------
>
> 저에게 할애해 주시는 시간을 헛되지 않도록 하기 위해서 정성껏 본인의 경력에 대해 소개해 보겠습니다.
>
> -------------------------------------
>
> 저의 이름은 ○○○입니다. 남성적인 이름 같아서 남자

로 오인되기도 했습니다. 웃지 못할 에피소드도 많았고요. 그러나 오히려 이런 이름이 저만의 독특함을 살려 준다고 생각합니다.

----------------------------------------

본인의 성격은 꼼꼼한 편입니다. 계획과 조직적인 면이 강합니다.

----------------------------------------

항상 남들을 리드하며 분위기를 주도하는 성격입니다. 남들이 해주기를 기다리거나 소극적으로 일 처리하는 것을 참지 못합니다.

----------------------------------------

인생에서 중요하게 생각하는 것은 정직이라고 생각합니다.

----------------------------------------

3남 1녀의 막내로 태어나 아들 하나 보자고 애써 키우신 부모님의 사랑을 너무 많이 받고 자랐습니다. 중학교에 들어가면서 당시 형제 가운데 가장 공부를 잘했던 둘째 누나의 "너도 공부를 한번 1등을 하면 절대로 1등을 놓치지 않을 것이다."라는 이야기를 듣고 열심히 한 결과 1등을 했

고, 누나의 말대로 그 뒤로는 한 번도 1등을 놓치지 않았습니다. 지금도 1등에 대한 강박관념 혹은 믿음은 저의 머리를 항상 떠나지 않고 있습니다. 대학에 들어가면서 예술에 관심을 가져 음악, 미술 등의 취미를 즐겼으며, 사진 공부를 위해서는 여러 학원과 외국에도 다녀올 정도였습니다.

## 11. 부모님 소개가 아닌 자기소개를 하라

근면과 성실을 몸에 체득해 두고 계시는 아버지, 자상하고도 희생적인 어머니 사이에서 끊임없는 사랑을 받으며 성장했습니다. 존경하는 부모님들은 주말을 비롯해서 시간이 나실 때마다 영화도 같이 보고 가족여행이나 스포츠를 자주 즐겼습니다. 그래서인지 지금은 사진도 잘 찍고 운동이라면 모든 것을 잘하고 있습니다. 화목한 가정은 사랑을 비롯한 따뜻한 마음을 저도 모르는 사이에 가르쳐 주었습니다. 영어에 관심이 많던 저는 부모님의 지지와 도움으로 고등학교 졸업 후 ○○로 유학을 가게 되었습니다.

이 내용은 부모님의 소개서이지 본인의 소개서라고 보기가 힘들다. 본인의 판단과 본인을 중심으로 살아온 것이 아니라 부모님이 유학을 가도록 유도했으며, 본인은 부모님의 의견에 따라 인생 진로를 소극적으로 결정한 셈이 된다.

이런 후보자는 회사에 입사해서도 다른 사람에 대한 의존도가 높을 수 있다. 물론 부모님의 지지나 도움이 본인의 길을 헤쳐나가는 데 필수불가결한 요소이지만, 그렇다고 본인의 주도적인 의사가 개입됨이 없이 부모님을 강조하는 것은 나약한 모습을 보여 준다. 물론 본인의 성장과정에서 가정환경의 중요성을 강조하기 위함이겠지만 가급적이면 본인을 중심으로 자기소개를 전개하는 것이 좋다.

**12. 미사여구나 지나치게 시적인 표현은 삼가자.**

－중략－ 유학을 간 이후로는 가족끼리 같이 시간을 보내지 못했습니다. 나이 17세에 말이 통하지 않는 영어권에서 홀로서기는 그리 쉬운 일은 아니었습니다. 하지만 과거의 조그만 씨앗은 현재의 탐스러운 열매가 되어 사회생활을 해 나가는데 있어서 커다란 수확으로 될 것임을 확신합니다.

－하략－

이런 문장은 유학생이라면 대개 있을 수 있는 것이므로 빼는 것이 좋다. 또한, 불필요하게 서정적인 문구는 공식적인 문서에서는 사용되지 않으며, 본인의 의지를 보여 주는데 오히려 장애가 된다. 강력하면서 본인의 담대한 모습을 문장으로 그려 보자. 그렇게 하기 위해서는 용어의 선택에도 신중하자.

### 13. 해당 분야의 전문가임을 강조하라.

『새로운 경험을 맞이할 준비가 되어 있습니다. 적지 않은 나이에 새로운 분야에 '도전'하려고 합니다. 그래서 조금은 조심스럽지만 당당하게 그 문을 두드립니다. 그간 다른 분야에서 쌓았던 경험을 바탕으로 주저 없이 새로움을 받아들이고 제 것으로 만들기 위해 노력하겠습니다.』

어느 분야를 지망한다는 분명한 기술도 없이 그저 다른 분야를 지망하겠다는 생각을 밝히고 있다. 모든 채용담당자는 해당 분야의 전문가를 찾는다. 자기가 지원하는 분야에 대한 전문성도 없이 막연하게 다른 분야에 새롭게 도전하겠다는 것은 분명한 목표나 입장을 밝히지 않는 한 선택되기 어렵다.

종래 어느 분야를 주로 담당해 왔으며, 앞으로 해 보고자 하는 분야는 무엇인지, 그렇게 생각하게 된 이유는 무엇인지, 지난 경험이 어떻게 이 분야와 관련이 있는지에 대한 분명한 설명이 있어야 한다. 이제까지 했던 일이 마음에 들지 않아 다른 일을 해 보고 싶다는 표현은 다른 사람으로부터 설득을 이끌어내기가 어렵다.

## 14. 뭐든지 열심히 하겠다. 시켜만 다오.

이력서 작성이나 면접을 할 때 〈무조건 들어가고 보자〉하는 막무가내식으로 『열심히 하겠습니다. 뭐든지 시켜만 주시기 바랍니다.』하는 사람들이 있다.

이 경우 채용하는 측에 대해 너무 저자세로 임하며 본인의 몸값을 너무 낮추고 있는 것이다. 본인의 전문성이 어떤 분야이고 앞으로 해보고 싶은 분야는 어떤 것이며, 그 이유는 무엇인지에 대한 언급은 없이 그저 열심히 하겠다는 것은 면접관을 설득시킬 수 없다.

칼싸움으로 비유하면 면접관과의 전투에서 칼의 손잡이는 면접관에게 넘겨주고, 본인은 칼끝을 잡고 있는 형국이다. 본인을 선택해 달라고 애걸하는 모습이다.

생각해 보자. 아무 일이나 다 잘할 수 있는 사람이 있는가? 모든 일을 다 잘할 수 있는 사람은 스스로 전문성이 없다는 것을 노출하는 것이며, 취업이 되지 않아 무슨 일이든 가리지 않고 하겠다는 것이다. 치열한 노동 시장에서 이 정도의 인력은 수없이 많은 것이 현실이다.

본인이 전문성 있고 희망하는 분야가 있을 것이다. 지망하는 회사나 부서의 특징, 역할 등에 대해 분명한 이해를 하고 본인의 해석과 계획을 덧붙여 면접관을 매혹시키는 것이 중요하다. 면접관은 자선 사업가가 아니다. 면접관도 조직의 구성원으로서 선택할 사람에 대해 정당한 선택이유를 가지고 회사 내의 여러 관계자들을 설득할 수 있어야 하는 처지이다.

특정 면접관에게 인간적으로, 혹은 다른 개인적인 요소로 어필을 하는 것은 효과적이지도, 바람직하지도 않다. 면접관이 본인을 편안하게 선택하도록 해 주려면 프로페셔널이 느낌이 나도록 면접에 임해야 한다.

### 15. 프로답게 보이자.

프로란 본인이 속한 산업분야와 맡은 바 임무에 대해 명확한 이해와 통찰을 가지고 열정적으로 일하는 사람을 말한다. 이런 점에서 우선 본인이 소속될 부서의 역할을 명확히 이해할 필요가 있다.

영업 업무를 예로 들어 보자. 영업은 무엇을 하는 일인가? 영업맨을 채용하는 면접관에게 영업에 대해 어떤 점을 강조해야 할까?

영업은 고객과의 인간관계가 중요하므로 마음씨가 좋고, 성실하며, 고객에 대한 접대 등을 잘하면 되는 것인가? 고객과의 관계를 잘 유지하기 위해서는 고객의 기호나 사고방식, 선호하는 것 등을 잘 파악하여야 하고, 고객에게 발생하는 각종 경조사를 포함한 개인 문제를 잘 챙겨 주어야 하는가?

고객에게는 늘 낮은 자세로 임하며, 예의 바르고 성실한 사람이 우수한 영업맨의 자질이라고 면접관에게 말하면 되는 것인가?

반드시 그런 것만은 아니다. 영업은 고객을 개인적으로 접대하고, 고객과의 관계를 강조하는 것이 아니다. 오히려 그것보다는 고객이 처한 상황을 이해하고, 그 입장으로부터 발생하는 여러 가지 요구사항을 잘 분석 파악하여 그 요구사항을 만족시켜 주는 것이다. 고객이 처한 상황을 잘 파악하기 위해서는 우선 고객이 속한 산업을 이해할 필요가 있다.

고객이 속한 산업의 특성과 그 산업에서의 고객 위상, 고객사의 목표 및 전략, 더 나아가 그 고객의 고객까지 만족시키기 위해 정통하는 것이 중요하다. 고객이 속한 산업이 어떻게 변화하고 있으며, 그에 따라 고객이 변화해야 할 방향을 제시하고, 그 과정에서 고객과 함께 호흡하는 파트너가 되어야 할 것이다.

고객의 요구사항이 파악되면 이를 만족시킬 우리의 지원 수단을 파악해야 한다. 우리는 고객을 만족시키기 위해 어떤 것을 보유하고 있는가? 제품과 서비스를 비롯하여 조직과 인적 자원, 기타 무형 재산 등 우리 회사가 가진 모든 것이 나의 무기가 될 것이다. 이런 자산을 영업맨은 적극적으로 총동원하여 고객의 만족을 위해 노력해야 한다. 영업 부서에 도전한다는 것은 이런 의미이다.

고객과의 최전방에서 고객과 접촉하고, 고객을 이해하고, 산업을 이해하여 궁극적으로 회사의 매출을 올림으로써 회사를 살리고 번창시키는 역할, 이것이 영업의 본질적 매력이자 스릴인 것이다. 영업 부서를 기피하는 많은 사람은 고객의 뒤치다꺼리만 생각하고, 영업은 접대하는 것이며, 〈영업맨은 술 상무〉라는 인식을 하고 있다. 이는 영업을 모두 이해했다고 볼 수 없는 것이다.

영업에 대한 분명한 인식으로 면접에 응해야 『열심히 하겠다.』
거나 『누구를 알고 있으니 영업을 잘할 것.』이라는 막연한 대답을 피
할 수 있다.

**16. 이력서에 기록한 것을 자기소개서에 반복하지 말 것**

이력서와 자기소개서는 본인이 이제까지 살면서 갈고 닦아 온
인생의 역정과 현재의 모습, 앞으로 살아가야 할 비전 등에 대한 총체
적이고 압축적인 기록이다. 경력과 성취, 가치관, 삶의 모습, 앞으로
계획 등이 엄선된 단어와 논리적인 문장으로 구성되어 있어야 한다.
너저분하게 반복된 표현이나 구태의연한 문장은 피하라.

> 안녕하세요? 담당자님, 저는 ○○○입니다. 저는 학부에서
> 는 ○○을 전공하였고, 19○○년도에 학부를 마친 뒤에는 ○
> ○회사에 입사하여 ○○업무를 담당했습니다. 저는 19○○년
> 생이며, 올해 ○○살입니다.                          － 하략 －

이런 내용은 이미 이력서의 기본 기재사항으로 나와 있다. 이런
초보적 내용을 자기소개서의 맨 앞부분의 도입으로 사용할 필요가 없
다. 중요하지도 않은 내용을 이력서에 한번, 그리고 자기소개서에 또
한 번 사용하면 이를 보는 사람은 이 자기소개서 전반에 대해 쉽게 흥

미를 잃게 된다.

자기소개서의 도입부는 어느 정도 충격적이고 자극적인 표현으로 본인이 가장 강조하고자 하는 메시지를 위치시켜야 한다. 그래야 이력서를 많이 보던 채용담당자가 차별성을 느끼고 관심과 호감을 갖게 된다. 초기에 호감을 갖게 된 자기소개서는 더욱 재미있는 부분이 없는지 확인하기 위해 끝까지 읽는 경우가 많다.

내가 작성한 내용이 채용하는 측으로부터 많이 읽히면 읽힐수록 나에 대한 관심과 호기심을 비례하여 증가하며, 그만큼 선택될 확률이 높다. 이력서나 자기소개서의 공간을 최대한 아끼고 절약하여 사용하여야 하며, 말이나 글도 최대한 아껴서 사용해야 상대도 그 표현에 대해 귀중한 마음이 생긴다. 자신의 소개서를 천하게 만들지 말자.

### 17. 문법이 잘못된 영어를 쓰려면 차라리 한국어루

본인의 영어능력을 보여 주기 위해 한국말로 써도 될 자기소개서를 영문으로 쓰는 경우가 종종 있다. 영어로 자기소개서를 작성할 정도로 실력을 갖추고 있다는 것을 보여 주는 것으로 바람직한 일이다. 평소에 영어를 멀리하지도, 두려워하지도 않는다는 적극적인 자세를 보여준다는 점에서도 긍정적이다.

많은 사람들이 영어 실력을 쌓기 위해 해외 어학연수나 유학을 다녀오고, TOEIC이나 TOEFL로 본인의 영어 능력을 증명해 보이려고 하나, 정작 영어 실력이 뛰어나서 편안하게 영어를 받아들일 수 있는 한국인은 아직도 흔하지 않다. 그만큼 다른 나라의 언어를 유창하게 구사하는 것이 어렵다는 얘기다.

영어를 어느 정도 구사하는 사람은 본인의 영어실력을 과시하고 자랑을 해도 좋다. 특히 영어를 원어민 수준으로 할 줄 아는 사람은 그만큼 혜택도 크다. 이력서나 자기소개서를 보면 영어 능력이 출중하지 못한 경우에도 영문을 잘못된 채로 제출하는 경우가 허다하다. 특히 영문 자기소개서는 외국인을 위한 서류이므로 외국어를 모국어로 사용하는 그들에게는 작은 흠도 크게 보일 수 있다.

다음의 경우를 예로 들어 보자.

〈Describe Myself〉

I would describe myself that I am a person who has positive mind and who loves ones job with passion. My strengths are I think I have positive mind, strong sense of responsibility, good attitude toward jobs and good relationship with other people.

I really want to do in life is want to live life happily with my family and also want to be a professional at my work.

- 하략 -

실제로 있었던 이 자기소개는 무엇을 말하려는지 뜻은 이해하겠으나, 문장의 구성이나 영문법 등으로 봐서는 잘 된 내용은 아니다. 이런 경우에는 차라리 한국말로 자기소개를 하는 것이 훨씬 낫다.

만일 영어로 자기소개를 했을 경우에도 일단 작성된 소개서는 다른 전문가를 통해 사전에 검토를 거쳐 제출하는 것이 좋다. 영어로 자기소개를 하는 것은 어려움만큼 위험도 뒤따르고, 그만큼 효과도 크다.

## 38. 자기소개서 (좋지 않은 사례)

저는 PR에 대한 남다른 열정을 가지고 있습니다. 소질도 상당히 많다고 이전 회사의 많은 분들로부터 칭찬을 들은 바 있습니다. PR에 대해서는 어느 누구보다도 더 잘할 자신이 있다는 것이 저의 판단입니다. 제가 회사에 입사를 한다면 저는 회사의 PR에 대한 새로운 기원을 이룩하겠습니다. PR의 화신이자 미래가 되겠습니다.

저는 그동안 PR에 대한 끝없는 호감과 기대를 해 왔으며, 이 업무에 대한 나대로의 꿈을 키워 왔습니다. 특히 세계적인 회사인 귀사에 입사를 한다면 저의 PR에 그동안의 관심과 열정이 합해져서 더욱 좋은 결과로 이어질 것으로 판단합니다. 이 분야의 전문가가 되도록 노력하겠습니다.

저는 메모하는 습관이 있습니다. 제가 전문가가 되고자 하는 단계의 첫걸음입니다. 비록 현재 PR에 대한 구체적인 지식이나 깊은 통찰은 가지고 있지 않지만, 합격이 한다면 모르는 것은 선배님들에게 질문도 하고, 스스로 공부도 하여 차근차근 중단됨이 없이 계속해 나갈 것입니다.

귀사의 미래를 책임질 인재가 되겠습니다.

평소 글쓰기에 대해 관심이 많았던 저는 신문 기자를 시작으로 자연스럽게 글쓰기를 직업으로 삼게 되었고, 그 인연으로 인해 PR업무로 이직하게 되면서부터 점점 PR의 매력에 빠지게 되었습니다. 제가 PR업무에 대해 결정적으로 좋아하게 된 것은 미국의 저명한 PR전문가 에드워드 버네이즈의 삶을 알게 되면서부터입니다.

에드워드 버네이즈는 한 평생 PR업무에 종사하게 되었는데, 그 기간이 무려 80년이나 됩니다. 그는 20세에 홍보에 입문하였는데, 100살이 될 때까지 무려 80년 동안 PR 업무 한 가지에만 전념한 PR 맨입니다. 그가 100살까지 살게 된 것은 물론 운도 따랐던 것이지요.

한 사람이 평생을 통해 80년 동안 PR 업무를 할 수 있었다는 것은 버네이즈 개인의 PR에 대한 열정도 있었겠지만, PR이 100살이 되어서도 할 수 있는 전문적인 영역이라는 점이 저를 매료시켰습니다. 최근 고령화 사회가 진행되면서 은퇴 노인문제가 심각하게 등장하는 가운데 사오정, 오륙도라는 용어들이 사회에 만연하고 있습니다.

50의 젊은 나이에 은퇴하여 90살이 될 때까지 살아가야 하는데 어느 누구도 적절한 대책을 내놓지 못하고 있는 상황에 우리는 살고 있지요. 나도 에드워드 버네이즈처럼 열심히 하기만 하면 나이가 문제 되지 않는 전문직을 할 수 있을 것이고, 이보다 행복한 인생이 어디 있겠습니까?

직장에 다니다가 나이가 들어 은퇴하고 나면 그동안 생활수단이 되던 업무는 온 데 간 데 없고, 어느 분야의 전문성도 가지지 못한 채 사회의 허드렛일만 주어지는 이 사회에서 PR이라는 전문 분야에 오랫동안 종사함으로써 '생활의 달인' 이상으로 전문가가 되어 그 산업의 발전에도 이바지하면서 살아간다는 것은 멋지고 명예로운 일이 아닐 수 없습니다.

사람이 살아가는 현상을 분석하고 인간의 욕구 변화과정을 추적하면서 사람들의 감성을 자극하고, 사람끼리의 오해와 갈등을 해소하는 PR업무야 말로 나이가 들고 연륜이 쌓이면서 더욱 내공을 더 쌓아 갈 수 있는 전문 분야라고 저는 확신합니다.

제가 PR산업에 지원하는 이유는, 단순히 직장인으로서 생계만을 위한 것이 아니라, 보다 먼 장래에 이 분야 전문가가 되어 산업과 사회에 긍정적인 역할을 할 수 있을 것이라고 믿기 때문입니다. 많은 사람들이 아직도 PR이 단순히 기업의 장점을 일방적으로 대외에 알리는 것이라고 생각하는 경향이 있습니다만 저는 그 생각에 동의하지 않습니다.

PR은 기업에 대한 공중의 이해를 향상하고, 조직의 구성원들도 공중을 바로 이해하도록 함으로써 조직과 공중 가의 오해와 갈등을 해소하는 것입니다. 기업이 가지고 있는 숨어있는 긍정적 자원을 발굴하여, 다채롭고 다이내믹한 수단과 채널을 통해 알림으로써 기업에 대해 올바른 인식을 하게 하는 것입니다. 이 과정을 통해 우리가 개발한 메시지들이 사회 속에서 긍정적이고 올바르게 유통되도록 하는 것은 매우 의미 있는 일입니다.

저는 평소에도 전문서적이나 소설, 신문사설 등을 매일 읽고 있으며 트위터, 블로그 등 신기술 매체를 활용한 PR 기법에 대해서도 지속적으로 관심을 가지고 연구하고 있습니다. PR이 다른 분야와 별개는 아니기 때문에 인접 학문인 마케팅이나 조사 분석 등의 분야도 공부하고 있는 중입니다.

제가 운영하고 있는 PR 및 커뮤니케이션에 관한 블로그를 보시면 저의 PR 산업에 대한 열정과 관심의 단면을 보실 수 있습니다.

PR은 빠르게 진화하는 매체기술과 경제 발달로 인한 대중들의 기호 변화, 인터넷 발달로 인해 넘쳐나는 정보의 양 등과 같은 현상에 따라 PR 전략과 방법도 종래와 달라져야 한다고 봅니다. 종래 언론과 유사한 편집중심의 PR이 주류를 이루었다면 앞으로는 보다 적극적이고 사회 주도적인 PR이 되어야 할 것입니다.

PR이 종래 경영의 도구로서 경영진의 지시에 의한 메시지 개발에 머물러 있었다면, 앞으로는 기업 혁신의 첨병이자 전략과 방향의 앵커로서 기능을 하는 시대가 곧 올 것으로 저는 확신합니다. 제가 PR분야에 지원하는 뜻은 이런 믿음 때문입니다.

# 39-2. 자기소개서 샘플 (영업 분야)

저의 꿈은 훌륭한 영업 전문가가 되는 것입니다. 제가 영업 전문가로서 장래의 꿈을 실현하고자 하는 것은 저의 아버지의 성공을 보면서 갖게 된 것입니다. 저의 아버지는 기업에 들어가 평생 영업을 하면서 성공하여 최고경영자까지에 이른 분입니다. 저는 영업이 기업의 꽃이라고 생각합니다.

아무리 기술이 우수한 제품이 개발되어도 판매를 통해 소비자에게 전달되지 않으면 아무 소용이 없습니다. 양반정신이 아직도 사회 곳곳에 배어 있는 우리나라에서는 영업이 세일즈맨이라고 하여 기피하는 분도 가끔 있습니다만, 저는 영업이야말로 고객의 다양한 욕구를 만족시킴으로써 회사에 수입을 창출하게 하는 종합예술이라고 생각합니다.

한 사람의 고객만 해도 다양한 욕구 요소가 있을 것인데, 여러 계층별로 고객이 존재하고, 고객별로 다른 욕구를 가지고 있을 것이니 그 업무의 복잡성과 전문성이 오죽하겠습니까?

영업은 고객이 필요로 하는 제반 욕구를 우리가 지니고 있는 자원을 총동원하여 만족시켜 주는 것이야말로 도전과 성취의 스릴을 정기적으로 느껴 볼 수 있는 가장 화려한 직종이라고 생각합니다. 저는 전문 영업맨이 되기 위하여 고객이 속한 사업을 분석하고, 그 산업의 특징과 고객의 수익 모델 등과 같은 고객의 상황을 파악하고 이해하는데 최선을 다해 왔습니다.

고객의 상황을 이해하다 보면 우리나라의 경제와 기술에 대해서도 상당한 관점과 통찰을 기를 수 있고, 아울러 그 과정에서 제가 현재 무장하고 있는 장점과 앞으로 더욱 보완해야 할 점도 함께 발견하게 됩니다.

이처럼 훌륭한 영업맨이 되기 위해 저는 가정뿐만 아니라 어느 장소에서도 모임이 주축이 되어 사람에게 봉사하고 사람의 요구를 들어줌으로써 그들의 마음이 변화하는 과정을 지켜보는 습관을 가지게 되었습니다. 이런 일련의 노력의 결과로 바로 이전 회사에서도 저는 목표대비 250%의 매출초과를 달성하여 개인적으로는 두둑한 보너스를 받았을 뿐 아니라 팀의 매출목표 달성과 아울러 나아가 고객의 목표달성에도 이바지했다고 고객으로부터 감사장을 받았습니다.

저는 최근 3년간 매년 주어지는 도전적인 매출목표를 성공적으로 달성했는데, 이처럼 성공적인 영업성과는 저의 제품에 대한 철저한 분석뿐 아니라 분석된 자료를 바탕으로 나만의 개인화된 자료로 만들어 고객에게 정기적이고 효율적으로 전달하는 저만의 고유한 방법 덕분이었다고 봅니다.

또한, 고객 개개인의 입장에서, 고객이 만족할 때까지 붙들고 늘어지는 저의 끈질김과 성실함도 한몫했을 것이라고 감히 말씀드립니다.

- 하략 -

이 자기소개서는 본인이 지망하는 영업 분야에 대한 철저한 업무 이해와 스스로의 준비 및 고유한 노하우 개발, 그로 인한 연속적인 성과를 뒷받침하고 있는 자기소개서라고 평가된다.


## 40. 이력서와 자기소개서가 중복될 경우

취업을 위한 자기표현 서류는 대개 Cover Letter, 이력서, 자기소개서가 있다. 이들 3가지는 형식이나 내용 면에서 각각의 역할이 있고 쓰임새가 다르다.

설명할 필요도 없이, 기업의 인사담당자들이 요청하는 가장 기초적인 서류는 이력서이다. 이력서를 구체적으로 보완하는 서류가 자기소개서이다. Cover Letter를 요구하는 경우는 그리 많지 않다. 오히려 Cover Letter는 형식이나 내용 면에서 자기소개서와 중복될 여지가 많아서 그 필요성에 대해 회의적이다.


만일 Cover Letter에 본인 경력에 관한 중요 내용을 담고서 그것을 믿고 이력서나 자기소개서에 해당 내용을 뺀다면 그것은 바람직하지 못하다. 인사담당자나 직업소개업자가 그 Cover Letter를 읽지 않거나 의도적으로 그 서류는 빼고 제출하는 경우가 비일비재하기 때문이다.

자기소개서의 경우도 마찬가지이다. 기업에서 요구하는 서류는 이력서 한가지일 경우가 많다. 자기소개서에 중요한 경력사항을 기입하고, 이력서에 그 내용을 뺄 경우에도 마찬가지의 위험이 따른다. 이 점에 대해서는 개인에 따라 논란의 여지가 있으나, 본인의 경력과 강점이 잘 표현된 이력서가 가장 핵심이 되는 자료라고 할 수 있다.

이력서를 중심으로 핵심사항은 모두 포함시키고, Cover Letter나 자기소개서는 만일 전달과정에서 누락되더라도 전체적으로 영향을 미치지 않도록 이력서를 준비하는 것이 좋다. 즉, 이력서에 업무와 관련된 본인의 경쟁력이나 주요 경험 등과 아울러 개인적 사항 가운데서도 중요한 것들은 모두 기입하는 것이 안전하다.

# 41. Bullet식 자기표현

자기소개서는 반드시 문장으로 표현할 필요가 없다. 짧은 Bullet식 열거로 단출하면서 명쾌하게 표현하는 방법도 있다. 문장으로 길게 표현하면 늘어지는 느낌을 주나, 이처럼 Bullet 형식으로 표현하면 보는 이로 하여금 긴장감을 줄 수도 있다. 그러나 별 내용도 없는 것을 Bullet으로 표현하면 오히려 운동복에 구두를 신은 것처럼 어울리지 않을 수 있다.


- 학창 시절부터 어느 장소에 가든 재미있는 말솜씨와 끼로 인기 만발
- 명랑만화나 시트콤에 나올 만한 캐릭터로 분위기 메이커
- 기발한 상상력과 아이디어, 그리고 편안한 언변과 대인관계
- 친절과 인사가 생활화된 서비스 마인드 소유자
- 오락부장, 학생회장 등으로 리더십 겸비
- 새로운 트렌드와 이슈에 대한 호기심과 일에 대한 열정


이렇게 본인의 개성과 특징을 소개하는 방법도 있다. 무슨 일을 하든 이처럼 이색적으로 차별화하는 것이 바람직한 것이다.


## 42. 내 이력서에 주제를 담자

각자의 이력서에는 각각의 주제가 있어야 한다. 이력서를 보고 나면 뚜렷한 삶의 궤적이 그려지고, 개인의 특징을 보여주는 일맥상통하는 삶의 흐름이 있어야 한다. 돈을 벌기 위해 이리저리 직장을 방황한다면 그것은 스스로 삶을 산산조각 내는 격이다. 급하다고 이것

저것 손대지 말자.

무슨 일을 하더라도 어차피 굶어 죽지 않는다. 내 인생에 분명한 중심과 초점을 찾아야 한다.

각각의 인생은 단막극이 아니라 장편 드라마이자 대 서사시이다. 현재까지 살아오면서 많은 사연과 이야깃거리가 축적되었다. 다만 그 이야깃거리가 모아지고 다듬어지지 않았을 뿐이다. 이제 그것들을 모아 정리하고, 꿰매고, 부족한 부분은 보충하는 일을 해 보자.

삶은 어떻게 사느냐보다는 무엇을 위해 살며, 어떤 의미를 부여하며 사느냐가 중요하다. 남이 따라오지 못하는 나만의 영역을 구축하여 그 분야에 깊은 통찰력을 구축하자. 그것이 장기적으로 살아갈 수 있는 길이다. 인생은 긴 스토리를 만들어 가는 과정이다.

본인만의 독특한 이야기, 직접 추구하고 몰두하여 만들어낸 스토리가 의미와 경쟁력을 갖는다. 단편적인 사실은 휘발성이 강한 반면, 스토리는 쉽게 사라지지 않는다. 내 스토리의 주인공은 나 자신이다. 나의 스토리는 나를 디자인하고, 나를 아름답게 해 주며, 나의 삶을 풍성하고 의미 있게 해 준다.

나의 삶의 스토리는 무엇인가? 내가 스토리를 통해 추구하는 주제는 무엇인가?

나의 삶의 스토리는 무엇인가? 내가 스토리를 통해 추구하는 주제는 무엇인가?

# 3

취업에 대한 이해와 오해

# 43. 좋은 직장의 요건

역사가 깊은 회사일수록, 회사 내의 혁신운동이 활발하여 조직의 제반 운영시스템을 세밀하게 정립해두고 있는 회사일수록, 개인의 자의적인 판단이 개입할 여지가 적다. 활발하게 혁신운동을 전개하고 있는 회사가 역동적인 모습을 보일 뿐만 아니라 개인 사이의 갈등을 줄이는 방안이 지속적으로 생산되는 곳이다.

물론 잘 갖추어진 시스템도 결국 이를 운영하는 것은 사람이므로 사람의 개인적 판단이 전혀 개입하지 않는다고 볼 수는 없다. 그러나 개인적 판단의 개입 가능성이 최소화되고, 개인 간의 갈등이 발생했을 경우 이를 보호할 여러 가지 제도적 보완책을 마련해 두고 있는 회사가 좋은 회사인 것이다.

그런 회사는 배울 점도 많다. 이런 회사에서 장기간 근무하면서 체득한 경험들은 앞으로 개인이 성장하여 더 큰 회사를 운영할 경우 반드시 도움이 될 것이다.

이와 상반되는 경우로 회사의 최고경영자가 회사의 대주주로서 회사를 본인 마음대로 운영하거나, 회사의 구성원을 개인의 부분품으로 여기는 직장은 좋지 않다.

특히 최고 경영자가 보수적인 사고방식의 소유자이거나 다른 사람의 의견을 경청할 자세가 되어 있지 않고, 일방적인 지시일변도의 조직운영형태를 지닌 경우 조직은 경직될 여지가 많다. 이런 회사에 다니는 것은 비록 보수가 많다 하더라도 정신적으로 노예근성이 싹트게 될 것이다.

보수적이고 다른 사람의 의견에 귀를 기울이지 않는 최고경영자가 운영하는 회사가 장기적으로 변화에 신속히 대응하여 지속적인 성장을 할 수 있을까?

기업문화가 좋은 회사란 이처럼 회사에서 열심히 근무하고 좋은 성과를 내는 사람이 좋은 대우를 받게 되는 '시스템'이 갖추어진 회사이다. 조직 내에 특정 학연이나 지연으로 묶여지는 현상이 강하여 줄 서기가 횡행하고, 업무 보다는 사람의 눈치를 봐야 하는 조직은 피곤한 조직이다.

눈치 보는 일에 신경을 쓰니 업무의 효율이 떨어질 수밖에 없다. 불필요한 곳에 에너지를 쓰기보다는 자유롭게 근무하고, 조직원 전원에게 전문성을 높이는 방안을 체계적으로 갖추고 있는 회사가 좋은 회사이다. 이런 요소들은 연봉과 같은 외적인 요소에 비해 그 중요성이 훨씬 큰 것이다.

회사나 개인의 비전 역시 같은 맥락이다. 개인의 능력에 따라 알맞은 포지션을 주고 그에 따라 적절히 평가하는 시스템을 갖추어야 한다. 능력이 있는 사람은 그 조직에서 개인의 가능성을 무한히 펼칠 수 있어야 하며, 적합한 보상시스템을 갖추어야 할 것이다.

반면 입사할 때 기대했던 보다는 능력이 부진할 경우, 원인 분석과 그에 걸맞은 교육 시스템, 직원의 소질과 전문성에 맞은 배치 시스템 등을 갖추고 있는 회사가 좋은 회사이다. 최고 경영자나 일부 실력자가 휘두르는 것이 아니라 회사의 잘 짜인 제도에 의해 공정하게 운용되는 회사가 좋은 회사인 것이다.

사람은 단기적으로는 먹고 사는 문제가 해결되어야 하지만 종국적
으로는 인간의 존엄성을 지켜주는 문제에 더 큰 가치를 부여하게 된다.


## 44. 적성을 무시한 직업 선택

앞에서도 말한 바 있지만, 점점 어려운 취업시장에서는 무조건
취업을 하자는 경향이 더욱 팽배해진다. 본인의 취미나 자질 같은 것
은 뒷전이고 일단 붙고 보자는 태도이다. 우리는 대학을 선택할 때도
합격을 중심으로 선택했고, 이제 취업 시장에서도 앞뒤 볼 것 없이 들
어가고 보자는 식이다.

이처럼 본인의 경력을 단기적인 안목으로 가꾸어 나간다면 인생
의 후반기로 갈수록 어려운 생활이 기다리게 된다. 대학의 전공과목
을 합격중심으로 선택하면 본인의 생애 특기를 그 선택된 것으로 삼
게 되고, 그 생애 특기는 본인의 삶의 모습과 생활패턴을 결정하는 중
대한 계기가 되는 것과 같다.

취업은 대학의 전공을 선택하는 것보다 더욱 중요한 의미를 갖
고 있다. 취업 현장에서 실질적으로 최초의 직무를 어떻게 쌓아 가는

가 하는 것은, 그것을 바탕으로 앞으로 경력을 일관되게 쌓아가야 한
다는 점에서 보면 매우 중요한 일이다.

직장은 우리 생활의 대부분을 보내야 하는 공간이자 인생 전 과
정에서 개인의 성취를 통해 사회적 위상을 가꾸게 될 중요한 곳이기
도 하다. 한 개인의 직업은 개인의 인격과 사고방식을 형성하게 하고,
다른 사람에게는 스스로를 특정하고 이미지화하는 가장 중요한 요소
가 된다. 그런 점에서 최초의 직업 선택은 본인의 일생을 좌우할 중요
한 의미를 갖는다.

본인의 자질과 적성을 무시한 직업선택을 하면 현장에서 평생을
두고 보여주어야 할 경쟁력과 차별성에서 많은 고통이 뒤따른다. 유사
한 업무를 여러 사람이 하면서 나는 좋아하지 않고 취미도 없는데, 다
른 사람은 흥미를 가지고 열심히 한다면 누가 경쟁력을 가질 것인지는
자명한 것이다. 그런데도 많은 취업 준비생들이 본인의 적성과 취미를
무시하고 단기적인 안목에서 직업을 구하는 일이 비일비재하다.

직장을 구하는 많은 사람들을 만나보면 〈좋은 직장〉을 구해 달
라는 이야기를 많이 듣는다. 남들로부터 객관적으로 인정받는 〈신의
직장〉도 우리 사회에 존재하고 있으나, 내가 다닐 직장을 다른 사람의

기준으로 선택하는 것은 바람직하지 않다.

성공한 사람들을 보라. 그들은 대부분 본인의 재능과 전문성을 살렸으며, 본인이 하고 싶은 일을 끝까지 추구한 사람들이다.

## 45. 개인의 비전은 스스로 가꾸자

어느 경력 세일즈맨이 입사를 했다. 그는 회사의 윗사람이 시키는 일만 한다. 그는 자기의 상사가 고객을 방문하라고 지시하면 시키는 대로 고객을 방문한다. 상사가 고객을 방문하는 목적과 해야 할 일을 알려주면 그것만 한다. 상사가 시키지 않으면 그는 할 일이 없다. 그는 상사가 새해 계획을 짜라고 하면 그에 따라 새해 계획만 세운다.

상사의 말을 거역하거나 도전하는 일은 없다. 그는 시키는 일만 한다. 그 조직의 일은 상사에 의해 움직이며, 상사가 모든 일을 계획하고 모든 업무를 소속 직원에게 적절히 분장한다. 상사가 모든 것을 챙겨야 하는 이런 조직에서 상사의 머리에는 하루도 업무가 떠날 날이 없다. 늘 긴장을 해야 하는 상사는 피곤하고 복잡하다.

상사에게 업무의 모든 내용과 권한을 맡겨 둔 직원은 상사에 대해 불만도 많다. 그의 일 처리 방식이나 그에게 업무를 지시하는 방식 등 많은 것들이 마음에 들지 않는다. 이런 직원은 마음속으로 상사와 충돌도 잦다.

반면 어느 세일즈맨은 그가 할 일을 미리 스스로 계획을 한다. 그에게는 조직의 모든 자원이 본인의 재산이다. 본인의 상사뿐 아니라 최고 경영자, 동료 직원 등을 포함한 모든 인적자원, 조직이 가지고 있는 기술력과 특허, 제품 및 제품 안내서, 본사가 가지고 있는 네트워크, 다른 부서가 가지고 있는 인력 및 경영 시스템 등 모든 것들이 그에게는 자원이다.

그는 스스로 업무계획을 세운다. 그 계획에는 상사와 최고 경영자의 활용계획과 세부 일정까지 포함된다. 그는 상사와 최고경영자에게 그의 계획을 실천하는데 도와 달라고 요청한다. 본인과 함께 고객을 방문해 달라고 부탁한다.

그는 상사와 최고경영자가 고객을 방문해서 해야 할 일과 해야 할 말을 미리 정리하여 상사와 경영진에게 알려 주면서 그 역할을 해 달라고 요청한다.

고객을 방문했을 때 예측되는 고객의 질문 및 예상되는 사건들을 미리 예견하고, 그에 따른 적절한 행동지침을 동반하는 상사에게 알려 준다. 그를 동반하는 상사나 경영진들은 그 세일즈맨이 알려주는 지침에 본인의 지혜와 판단을 가미하여 훌륭한 행동지침을 가지고 성공적으로 고객방문을 마친다.

그 세일즈맨은 전략기획뿐 아니라 시장조사 등 해야 할 모든 일을 스스로 알아서 한다. 상사는 필요한 코치와 조언만 던져 주면 된다. 조직은 쉽게 굴러가며, 그 세일즈맨이 자발적으로 이끌어 가는 조직의 결실은 그 세일즈맨 당사자뿐만 아니라 상사를 포함한 구성원 모두에게 돌아간다.

누가 억지로 시키지 않아도 스스로 회사의 주인인 것처럼 태도를 보이는 직원을 둔 상사는 편하게 본연의 고유 업무에 열중할 수 있다.

많은 직장인들이 회사에서 비전이 없다느니, 기회가 없다느니 한다. 당신은 위의 사례 가운데 어느 유형인가? 조직에 입사를 하거나, 면접을 하거나 가장 중요한 자세는 회사에 대한 주인의식이다. 어떤 회사가 비전이 있는지 없는지 먼저 가리고, 그 회사의 비전을 말하기 전에 본인이 먼저 생각과 자세를 바꾼다면 오히려 비전이 없는 회사에 가서 스스로 비전을 준비하고, 회사의 비전까지 제시해 준다면 금상첨화가 아닌가?

대기업에 들어가고 싶은가? 대기업에 들어가야 개인의 비전이 보장되는가? 개인에게 주어지는 급여뿐 아니라 회사의 커다란 규모로 인해 성장 발전할 기회가 무한한가? 구직자들에게 대기업 선호 현상은 특히 우리나라에서 강조된다. 대기업 선호 현상이 잘못된 것은 아니다. 대기업은 분명 중소기업에 비해 안정되어 있으며, 보다 많은 연봉을 제공하는 것만은 틀림없다.

수익이 많이 나는 업종은 대개 대기업이 장악하고 있으며, 중소기업도 많은 수익을 올리면 대기업이 되는 것이기 때문에 돈을 많이 벌면서 중소기업으로 영원히 머물러 있는 기업은 찾기 힘들다.

오늘날 소비자들의 욕구는 급속도로 진화되고 있다. 산업의 재편속도도 매우 빠르다. 아무리 규모가 크고 안정적인 것 같은 아이템을 취급하는 대기업도 소비자들의 욕구 변화를 신속히 읽지 못하거나 경쟁적인 환경에서 잠시라도 긴장을 늦추게 되면 순식간에 존립이 흔들리게 된다.

대기업이 오히려 위태로운 것은 대기업이 속한 산업이 더욱 경쟁적이고, 경쟁기업 역시 부단한 기술개발과 경영혁신으로 경쟁사들을 위협하기 때문이다. 중소기업의 경우에도 상황은 마찬가지이나 중소기업의 경쟁기업은 역시 중소기업이다. 중소기업 간의 경쟁은 그만큼 해볼 만한 경우가 많다. 중소기업을 무조건 비전이 없다고 매도하는 것은 이런 의미에서 근거가 약하다고 볼 수 있다.

아무리 비전이 있는 회사라 할지라도 모든 직원에게 많은 기회를 제공하지는 않을 것이며, 중소기업이라도 기회를 만들면 어디든 개인이 하기 나름이다.

이명박 대통령의 성공신화를 알고 있는가? 이명박 대통령이 현대건설에 입사했을 때는 현대건설은 중소기업이었다. 사원 이명박은 신입 시절부터 근무자세가 달랐다고 한다. 그는 최하위 신입사원의 위치에 있을 때 이미 과장의 역할을 했다고 한다. 스스로 일을 찾아서 하고 남다른 책임감으로 본인이 할 일의 범위를 확장해 가는 것이다. 보다 난이도가 높은 일로 스스로 이동하는 것이다. 이런 사원은 자세가 다르고 실적이 다르다. 과장의 일을 하는 말단 사원을 회사가 그냥 둘 리가 없다.

과장으로 승진한 이명박은 과장의 입장이 아니라 이제는 부장의 시각에서 과장의 역할을 했다고 한다. 이명박이 빠르게 승진한 이유이다. 부장으로서는 이사의 역할을 수행하고, 이사가 되니 사장의 역할을 하더라는 것이다.

오늘날 기업이 가장 선호하는 인재상은 바로 이런 유형이다. 기업가 정신이다. 본인이 마치 그 회사의 주인인 것처럼 생각하고 행동하는 것을 말한다.

## 46. 100대 1의 취업경쟁을 뚫는 법

구직자들이 취업에 어려움을 겪는 가장 큰 장애물은 취업 시장에서의 높은 경쟁률이다. 인구는 늘어나고 일자리는 부족한데 전년도이 미취업자까지 취업시장에 가세하니 취업 경쟁률이 높을 수밖에 없다. 하긴 오늘날 경쟁률 높은 곳이 어디 취업시장뿐이던가?

100대 1이라고 너무 전전긍긍할 필요는 없다. 시간이 지나서 보면 평생 하는 일 없이 놀고먹는 사람은 많지 않으며, 젊어서 굶어 죽은 사람도 없다. 세계는 넓고, 가능성은 항상 열려 있다. 다만 본인이 원하는 회사에 당장 들어가서 원하는 업무를 할 수 없다는 것이 아쉬울 뿐이다. 그렇다면 100대 1이 넘는 회사에 성공적으로 입사를 하는 방법은 없을까? 만약 그것이 본인이 간절히 희망하는 필생의 직업이라면 이런 방법으로 시도해 보면 어떨까?

그것은 〈막히면 돌아가는 전략〉이다. 보이지 않는 길을 억지로 가려고 하지 말라는 이야기다.

나와 비슷한 경쟁자가 100명 이상이 몰려들어 경쟁을 하고, 나 또한 그들보다 나을 것이 없는데 어떻게 내가 합격할 수 있을까? 없다. 100대 1의 경쟁률에서 선택을 받기 위해서는 경쟁자에 비해 압도적으로 우수한 이력서나 자기소개서, 월등히 차별화된 스펙, 학점 등이 있어야 하는데 그게 쉽지 않다.

경쟁자들도 나처럼 나름대로 합격을 위한 치열한 아이디어를 짜내고 있는 사람들이다. 그 강력한 경쟁자들을 99명이나 일시에 물리친다는 것은 확률상 어려운 이야기가 된다. 물론 경쟁자도 마찬가지이다.

이런 높은 경쟁률은 피하는 것도 전략이다. 피한다는 것은 그곳에 취업하는 것을 포기한다는 뜻이 아니다. 이런 높은 경쟁률을 일단 피하고 우회 전략을 구사하자는 것이다.

첫째, 본인이 입사하고 싶은 회사를 편의상 A사라고 하고, 그 회사에 납품을 하거나 거래관계에 있는 회사를 B사라고 하자. 지원자는 일단 경쟁률이 높은 A사의 지원을 미루고, B사에 입사하는 것이다. A사와 공동으로 프로젝트를 수행하는 C사도 좋다. 그 회사에 입사를 하는 것은 기존 A사의 100대 1의 경쟁률에 비하면 비교도 안 된다. 대개 B사나 C사의 경우는 비교적 작은 규모의 회사일 것이다.

B사나 C사에 입사하여 열심히 일해 보자. 100대 1의 경쟁률을 뚫을 것 같은 노력으로 말이다. 다른 사람에 비해 아주 돋보이도록 열심히 하는 것이다. 그 돋보이는 모습을 당초 입사하고 싶은 A회사의 직원들에게도 입 소문이 나도록 말이다.

그 작은 규모의 B, C회사에서는 경쟁자도 적다. 본인만 열심히 하면 되는 것이다. 그 회사에서 열정적으로 일하고 높은 성과를 내자. 그러면서 A회사, 즉, 본인이 당초에 입사하고자 했던 회사의 직원들과 비록 업무상이지만 좋은 관계를 유지한다. 그들의 중간 실무자나, 특히 채용에 어느 정도 영향력이 있는 인사와 좋은 관계를 유지하는 것이다.

그냥 좋은 관계만 유지하는 것이 아니라 그들에게 본인의 업적과 본인의 철학, 능력 등을 그들에게 최대한 보여 주라. 기회가 있다면 그들의 일을 도와주라. 그들이 감동할 정도로 말이다. 그것은 당초의 100대 1의 경쟁률을 뚫기 위한 노력에 비해서는 훨씬 수월할 것이다. 그러다 보면 언젠가는 기회가 올 수 있다.

또 한 가지 방법은 본인이 입사하고 싶은 A회사와 경쟁관계에 있지만 규모는 그보다 다소 작은 D회사에 입사하는 것이다. 그 D회사에서 어느 정도 인정을 받을 때까지 열심히 일하라. 그 회사에서 열심히 일하는 동안 당초 입사하고 싶은 A회사에서 활용하고 있는 헤드헌팅 회사가 어디인지 파악하라. 그 헤드헌팅 회사에 본인의 이력서를 제출해 두라.

담당 헤드헌터와 가끔 만나 좋은 관계를 유지하며, 그에게 본인의 능력과 근무하고 싶은 A회사를 일러두라. 본인의 희망사항도 일러둔다. 그렇게 되면 그 A회사를 담당하는 헤드헌터에게 언젠가는 채용의뢰가 들어온다. 헤드헌터는 말하지 않아도 그 포지션을 위해 당신의 얼굴을 떠올릴 것이다.

이런 경로는 직접 100대 1의 경쟁률을 넘는 것보다 용이하다. 그러나 어떤 사람은 말할 수 있다. 그 기회가 영원히 오지 않을 수도 있지 않느냐고. 맞는 말이다. 그러나 후회할 필요는 없다.

A 회사의 100대 1 같은 높은 경쟁률에는 합격한다는 보장이 당초에 있었는가? 비록 그 회사에 입사하지 못했다 하더라도 그는 이미 성공자의 길을 가고 있을 것이다.

경력직으로 입사하는 경우에는 신입의 경우에 비해 그 절차가 훨씬 간편하다. 왜냐하면, 경력직의 경우에는 이미 기존의 회사로부터 기본적인 인정을 받아서 본인의 경력이 능력으로 평가받게 되기 때문이다. 많은 사람이 의도적으로, 혹은 자기도 모르게 이런 경로를 밟으면서 성공하고 있다.

## 47. 연봉에 목숨 걸지 말라

많은 사람들이 직장을 선택할 때 첫 번째로 손꼽는 것은 연봉이다. 회사에 잘 근무하다가도 다른 회사에서 연봉을 더 준다하면 떠난다. 어떤 회사에 최종 합격을 했더라도 연봉 협상이 잘 안되면 그 회사를 포기하는 경우가 많다. 연봉이 직장의 알파요 오메가이다.

연봉 액수로 좋은 직장을 구분하는 것은 자본주의 사회에서 자연스러운 현상이다. 본인과 가족의 안정된 생활을 영위하기 위해서 직업을 구하는 것이므로 급여의 많고 적음이 중요할 수밖에 없다. 그러나 직업을 선택하는데 있어서 연봉을 가장 중요한 요소로 간주하는 추세는 조금씩 변하고 있다. 인간의 삶의 형태가 변화하고, 생활 풍속도와 가치관이 바뀜에 따라 직장의 선호도는 변천하게 된다.

〈평생 직업〉의 개념이 급속도로 정착하고 있으며, 실제로 〈직장〉보다 〈직업〉을 기준으로 일자리를 파악하는 사람들은 업무 만족도와 성취도가 상대적으로 높다. 그들은 일관성 있는 일생의 경력관리를 할 수 있게 되고, 그럼으로써 노후가 되어서도 그동안의 경력과 전문성에 의해 유리한 입장에 놓이게 된다.

소득을 기준으로 직장을 선택하는 많은 사람들은 복잡한 이력서를 가지게 된다. 회사에 들어가면 예측하지 못했던 여러 가지 상황들이 발생하는데 소득 하나만을 중요시하는 경우, 이런 상황에 대응하는 능력이 떨어져 쉽게 회사를 옮기기 때문이다. 이들은 단기적인 안목으로 연봉을 더 제공하는 다른 기업이 나타나면 또다시 일터를 옮길 수 있다.

연봉은 회사의 입사조건은 될 수 있으나, 연봉 때문에 회사를 퇴사하는 경우는 예상보다 많지 않다. 생활이 안 될 정도의 적은 연봉만 아니라면 연봉을 이유로 회사를 사직하는 경우는 매우 드물다는 것이다.

회사에 다니면서 연봉이 인상되는 경우를 보자. 처음 몇 달간 인상된 연봉으로 조금 더 윤택한 생활을 하게 되고, 스스로도 그만큼 나아진 생활을 느끼게 된다. 그러나 시간이 지나면 사람들은 그 인상된 연봉에 새로운 소비패턴을 맞추게 된다. 따라서 연봉 인상 후 몇 달이 지나면 다시 현재 받는 연봉은 부족하게 느껴지고, 생활은 또다시 빠듯해진다. 대개 이런 삶의 패턴이 반복된다. 연봉 문제가 끊임없이 본인을 괴롭히지는 않는다.

연봉 문제는 따라서 직업을 선택하는데 하나의 요소일 뿐 결정적인 이유는 되지 못한다. 회사에서 매일 업무를 하다 보면 연봉보다 중요한 요소가 무수히 많음을 깨닫게 된다.

## 48. 생애소득을 계산하라

그러면 연봉문제는 어떻게 받아들이는 것이 좋을까?

연봉은 본인이 제공하는 노동의 가치와 품질을 반영한다. 연봉은 본인의 능력과 잠재력을 측정하는 중요한 수단이 되며, 향후의 경력개발을 위한 잣대가 되기도 한다.

연봉은 또한 나와 가족의 생계와 사회생활을 원활하게 하기 위한 수단이 된다. 따라서 같은 조건이면 연봉은 높을수록 좋다는 것은 말할 필요가 없다. 그러나 앞에서 본 바와 같이 취업할 때는 연봉을 포함하여 다른 중요한 요소들을 모두 감안해야 하며, 특히 연봉계산을 할 경우 일시적인 연봉보다는 생애소득을 계산하는 것이 좋다.

〈생애소득〉이란 용어 그대로 개인이 일생 동안 직장생활을 통해 받게 되는 총소득을 말한다. 연봉이 들쭉날쭉하여 일시적으로 많이 받았다가 어떤 이유로 회사를 그만두고 다른 회사로 옮기고 하다 보면 생활이 불규칙해진다. 생활만 불규칙해지는 것이 아니다. 경력관리도 엉망이 되고 이력서도 어수선해진다.

연봉이 많다는 것은 그만큼 조직에서의 책임도 무겁다는 얘기다. 책임이 무겁다는 것은 그만큼 위험도도 높다는 의미이다.

예를 들어보자. 어떤 후보자가 다른 어느 벤처회사의 세일즈 담당 부서로 이직을 하게 되었다. 그는 연봉을 많이 달라고 요구한다. 연봉이 안 맞으면 안 갈 수도 있다고 한다. 그러나 생각해 보자. 연봉은 그가 새로운 회사에 가서 올리게 되는 수익의 일부를 돌려받는 것이다. 그가 연봉을 많이 요구하면 할수록 그가 올려야 할 수익은 비례해서 높아진다. 만일 어느 직원이 많은 연봉을 받으면서 회사에 이익은 조금밖에 올려 주지 못했다고 가정하자.

그에 대한 조치는 어떻게 되겠는가? 만일 당신이 그 회사의 최고 경영자라면 그를 어떻게 조치하겠는가? 어떤 지원자가 고액 연봉을 요구한다면 그는 따가운 견제와 시험대에 오르게 될 것이다. 그 회사의 비즈니스 모델, 상품의 특성 및 시장에서의 위치, 소비자 선호도, 시장의 특성 등에 대한 인식도 제대로 갖추지 못한 채 연봉만 높이 요구한다면 어떻게 될까?

고액 연봉보다 회사에 입사하여 나름대로 매출 증대 및 시장 침투 전략, 고객을 만족시키는 방안이 선행되어야 한다. 우수한 실적이 발생하고 고객으로부터 높은 평가를 받을 때 연봉을 올려 달라고 해도 늦지 않다. 높은 연봉만 요구하다가는 조기 퇴출의 대상이 되기 십상이다. 조기 퇴출을 당하면 다시 다른 일자리를 찾아야 한다.

취업을 주선하다 보면 의외로 이런 사람들이 많다. 경력에 따라 연봉 금액이 들쭉날쭉하다. 억대 연봉을 받다가 얼마 지나지 않아 3천만 원도 못 받고, 중간에 경력상의 공백도 있는 경우도 많다. 이런 경우는 일시적으로 높은 연봉에 연연한 결과라고 간주된다.

총액 연봉만 많으면 되지 않겠느냐고 생각할지 모르나, 불규칙한 연봉은 불규칙한 라이프스타일로 이어지며, 많은 연봉을 받다가 갑자기 소득이 줄어들어 쪼들리는 생활을 하는 것은 가족 모두에게도 고통이다.

특히 낮아진 수익으로 인한 어려운 생활모습보다 더 나쁜 것은 그의 이력이다. 남이 보기에도 회사에서 퇴출당한 것이 분명한 사실이 이력서에 나타나 있는 것은 다음의 경력을 관리하는데 매우 불리하다. 스스로도 미래를 예측하지 못하는 생활에 휩싸이게 되고, 다른 사람에게도 의혹의 대상이 되는 이력을 가진 사람은 나이가 들수록 그만큼 어려움이 수반된다.

일시적인 연봉에 목숨을 걸기보다는 초기에는 본인이 담당하게 될 업무를 분석하고, 본인의 자질과 적성을 파악하며 겸손하고 치밀하게 조직에 적용하여 소프트 랜딩soft landing을 하는 것이 바람직하다. 부드럽고도 안정적으로 새로운 조직에 적용을 하면 연봉이 올라가는 것은 시간문제이다.

시간이 지나면서 능력과 성실성이 검증되고, 조직에 많은 인적 네트워크가 형성되어 안정된 조직생활을 함으로써 오랫동안 누리게 될 수익과 더불어 편안한 노후를 보내게 될 비전까지를 포함하는 것이 바로 생애 소득의 중요성이다. 10년 후 혹은 20년 후를 내다보는 혜안을 가진 젊은이가 결국은 인생의 후반에서 승리한다.

인생이란 게임에 있어서 승패는 젊어서 나는 것이 아니라 나이가 많이 들어 몸이 불편해지고, 소득활동을 할 수 없을 때 안정된 생활을 하는 것으로 판가름된다.

## 49. 직장 떠날 때를 예상하라

직장인들이 회사를 떠나는 대부분의 이유는 좋지 않은 상사와의 관계, 지나치게 많은 업무량, 회사 내에서 본인의 비전이 보이지 않는 것, 업무에 대한 적성이 맞지 않음, 기업의 문화가 마음에 들지 않음 등이다. 이런 요소들은 회사에 다니는 한 끊임없이 구성원을 괴롭힌다.

이처럼 직장인의 퇴직사유를 역으로 고려해 보면 연봉을 직업 선택의 최우선 기준으로 삼는 것은 잘못된 것이다. 많은 사람들이 직장을 떠나는 이유를 참고하면 내가 직장을 선택하는 이유가 분명해진다.

조직에서 직속 상사는 직원에게 회사 생활의 거의 모두를 좌우할 만큼 중요한 요소이다. 직속 상사는 구성원의 소득을 결정하기도 하지만, 하루 매 순간 업무 할당에서부터 업무가 종료될 때까지의 커뮤니케이션과 인터페이스를 겪게 될 핵심적인 요소이다. 상사와의 관계가 어떻게 형성되어 있느냐에 따라 직장 생활의 즐거움과 고달픔이 좌우된다.

상사는 구성원의 채용뿐 아니라 경력개발, 업무계획, 포상, 승진 등 개인의 거의 모든 부문에서 커다란 영향을 미치게 되며, 구성원이 다른 부서로 이동할 때도 가장 중요한 영향력을 행사하는 사람이다. 상사와 관계가 잘못되면 다른 부서로 옮기는 것도 마음대로 되지 않는다. 왜냐하면, 상사가 다른 자리를 알아보고, 해당 부서의 부서장에게 추천해야 하기 때문이다.

좋은 리더란 각 부서원 개인에게 능력과 적성에 맞는 업무를 맡기고 팀원이 지닌 강점과 가능성, 개발해야 할 분야를 적절히 파악하여 그에 맞는 경력개발 코스를 발견하도록 해 주며, 직원이 스스로 개발 코스를 성공적으로 이수하도록 도와주는 사람이다. 직원이 주어진 업무를 수행으로써 경험과 지식을 습득하여 향후 자기보다 더욱 훌륭한 리더가 될 수 있도록 해 주는 역할도 중요하다.

이처럼 중요한 역할에 대해 제대로 인식하지 못하고 본인의 욕심을 채우기 위해 부하 직원을 이용하는 리더도 많이 있으며, 그런 리더를 만나면 매일의 직장생활이 피곤할 뿐 아니라 직장생활이 낭비가 되는 격이 되기 때문이다.

리더의 역할과 기능에 대해 제대로 인식하지 못하는 리더, 융통성이 없어서 새로운 경향이나 기술에 대해 관심이 없는 리더, 커뮤니케이션 능력이 부족하여 부하직원과 사사건건 부딪치고 부하직원의 미래에 대해서는 생각이 없는 리더를 만나는 것은 연봉을 얼마간 더 받는 것 이상으로 희생이 크다.

학연이나 지연을 매우 중요하게 생각하는 상사와 함께 일하면서 상사가 싫어하는 학연이나 지연을 지니고 있다고 생각해보라. 상사는 해당 직원이 창출한 업적을 정당하게 평가하지 못할 것이다. 편견을 가지고 매사를 대하니 불편하기 짝이 없다. 상사와 불편하게 지

내면 회사 내에서의 진로 또한 막연해질 수 있다. 그 반대의 경우도 물론 같다.

입사해 보지도 않고 상사가 이런 경우에 해당하는지 어떻게 알 수 있을까?

요즘은 입사하기 전에 본인이 근무하게 될 현업 부서의 부서장이 면접관으로 들어오는 경우가 대부분이다. 어떤 경우는 같이 일하게 될 팀원들이 면접관으로 들어오는 경우도 있다. 이때 면접관으로 들어온 상사를 유심히 살펴보자. 말하는 태도, 언행, 사고방식, 강조해서 질문하는 주제, 인상과 외모 등을 통해서 파악하면 되고, 궁금한 것이 있으면 직접 질문을 통해 물어보면 된다.

상사와의 갈등 가능성을 회피하는 방안의 하나로 그 기업의 문화를 살펴보는 좋은 방법도 있다. 기업의 운영이 체계적인 시스템에 의존하지 않고, 개인의 성향과 역량에 의존하는 경우는 좋지 않다.

기업의 CEO 한 사람이 기업의 운명을 좌우하고 기업의 문화, 인적 역학관계, 서비스의 품질과 기업의 비전 등을 결정하는 회사는 바람직하지 못하다. 직장은 하루만 다니다가 그만둘 곳이 아니라 긴 안목에서 비전을 가지고 다니는 것이며, 다니던 곳을 기반으로 하여 다음의 진로를 개척해야 하는 것이다.


## 50. 연봉협상의 노하우

회사에 입사할 때 연봉협상은 어떻게 해야 할 것인가?

연봉 협상은 회사와 후보자 측이 기 싸움에 의한 합의를 보기보다는 시장에서 후보자의 가치에 의한 공정한 게임의 룰을 적용하는 것이 옳다. 어떤 겸손한 인사담당자가 양보한다고 해서 연봉을 터무니없이 높게 부르거나 후보자의 정보 부족으로 연봉을 낮게 책정하는 인사담당자가 있다면 모두가 장기적인 관점에서 보면 바람직하지 못하다.

후보자와 인사담당자는 연봉협상을 할 때는 마치 적이나 경쟁자처럼 생각되지만, 그 후보자가 입사하면 곧바로 같은 회사의 동료이자 한솥밥을 먹는 관계가 된다.

연봉협상은 후보자와 유사한 인력의 시장 가치, 경쟁사 및 동종 업종의 연봉 수준, 그 회사 규모의 다른 기업의 연봉, 해당 회사의 임금 테이블, 입사 당시의 회사사정 등을 종합적으로 감안하여 자연스럽게 결정하는 것이 좋다. 인사담당자 역시 후보자의 연봉이나 직급 등 처우에 관해 꼼수를 부리다 보면 결국은 그 후보자의 신뢰를 잃게 되어 근무의욕저하, 후보자의 입사 포기 등 적은 금액으로 더 큰 손실을 가져 온다.

연봉협상은 아무래도 민감한 문제이므로 후보자 본인이 직접 연봉 협상에 응하기보다는 제3자 혹은 대리인에게 맡기는 것도 좋은 방법이다.

예를 들면 헤드헌터를 통한 입사의 경우, 어느 정도의 연봉범위를 헤드헌터에게 알려주고, 그 범위 내에서 재량에 따라 협상을 하도록 하는 것도 좋다. 왜냐하면, 협상 과정에서 상호 예민한 감정에 휩싸여 곤란한 상황에 빠질 우려가 있기 때문이다. 헤드헌터에게 연봉을 위임해 두면, 만에 하나 회사 측과의 협상에서 문제가 발생하더라도 그 과정에서 헤드헌터의 커뮤니케이션 책임으로 간주할 수 있으므로 오해를 풀 수 있다. 일이 잘못될 경우를 대비해 중간에 안전장치를 마련해 두는 것이다.

중간에 직접 당사자가 아닌 제3자가 있을 경우, 인사담당자와 후보자는 그 제3자를 통해 편안하게 본인의 의사를 상대에게 전달할 수 있다. 헤드헌터의 안목과 현명한 역할, 그리고 오해가 생겼을 경우, 헤드헌터의 중재 능력 등을 활용할 수 있기 때문이다. 〈헤드헌터가 협의 과정에서 본인의 의도를 잘못 전달한 결과〉라고 설명할 수 있는 여지는 많다.

〈끝〉

MEMO

면접관이 들려주는
50가지 합격 체크리스트

# 자소서·면접법

1쇄 인쇄 | 2014년 03월 05일
1쇄 발행 | 2014년 03월 12일

글 | 이병윤

펴낸곳 | 이서원
책임편집 | 윤희경
교정·교열 | 고우정
편집디자인 | 이진이

펴낸이 | 고봉석
주소 | 서울시 서초구 신반포로 43길 23-10 서광빌딩 3층
전화 | 02-3444-9522
팩스 | 02-6499-1025
전자우편 | books2030@naver.com
출판등록 | 2006년 6월 2일 제22-2935호
ISBN | 978-89-97714-26-1

ⓒ 이병윤(저작권자와 맺은 특약에 따라 검인은 생략합니다)

• 잘못된 책은 바꿔드립니다.    • 책값은 뒤표지에 있습니다.



이 도서의 국립중앙도서관 출판시도서목록(CIP)은 서지정보유통지원시스템 홈페이지(http://seoji.nl.go.kr)와
국가자료공동목록시스템(http://www.nl.go.kr/kolisnet)에서 이용하실 수 있습니다.(CIP제어번호: CIP2014007515)

이서원(iseowon)은 독자 여러분의 책에 관한 아이디어와 원고 투고를 기다리고 있습니다. 책으로 엮기를 원하는
아이디어가 있으신 분은 언제든지 이메일 books2030@naver.com로 간단한 개요와 취지, 연락처 등을 보내주십시오.